銀座の会社の
感性マーケティング

―日本香堂、壹番館洋服店、銀座ミツバチプロジェクト、アルビオン―

長沢伸也・染谷高士 編

推薦の辞　～アルビオン提携講座の狙い～

本書は早稲田大学ビジネススクール（ＷＢＳ）で開講されている株式会社アルビオン提携講座「感性マーケティング論」で招聘したゲスト講師による講義録です。

本書の第４章では私自身も登場しますので、おこがましい限りではございますが、推薦の辞を申し上げます。

「感性マーケティング論」は、私ども株式会社アルビオンの寄附講座として２０１２年度より開講し、２０１５年度より提携講座と改称しております。以来、私も一講師として皆様の前でお話をする機会をいただいております。本講座の受講生の皆様はすでに社会でご活躍されている優秀な方ばかりですが、さらなる意欲や熱意に満ちたまなざしに、毎回私の方が身の引き締まる思いです。とても有意義な時間を与えていただいていることに大変感謝しております。

私どもの会社は化粧品メーカーです。講義の中でもお伝えしていますが、化粧品ビジネスとは心のビジネスだと常々思っています。私どもの化粧品を買ったお客様に夢や感動を与えられる会社でありたい。そのためにも、感性に訴える商品づくりがとても大事になってきます。容器のデザインや色、形、美容液やファンデーションの感触、香り…。化粧品ですから美容理論はもちろん大前提としてありますが、お客様の感性に響く商品でなければ選んでいただけないのが実情です。ですから、日ごろ私の会社のメンバーには、まず自らの感性を磨いてほしいと伝えています。たとえば美術展に行く、舞台を観る、一流ブランドのブティックに入る。お金をかけるということではなく、その場にいるだけでも何かを感じることができると思うのです。一流に触れることで感性を磨いてほしいと思っていますし、私自身も常に感性を磨く努力をしています。

感性を理論づけるのは、とても難しいことかもしれません。それでも、この講座を通して何かヒントを見つけていただければと思っています。多くのものや多くの人と接して話を聞くことも非常に重要なことであり、それこそが本講座の狙いでもあります。感性あふれるさまざまな一流の商品に触れ、その企業を代表する方々から直接お話を伺えるこの講座は、ほかにはない、まさに社会人が学ぶビジネススクールにふさわしい講座であると自負しています。

講座開設から出版まで細部にわたってご尽力いただいております長沢伸也教授、ならびにご多忙ななかご登壇いただいた経営者の皆様に、心から感謝の意を表します。それとともに、手前味噌ですが、このようにユニークかつ素晴らしい本講座をＷＢＳ受講生だけが享受できるのではもったいないと思います。

今回の出版を通じて本講座が社会に広く知られていくことを心より願っております。

株式会社アルビオン　代表取締役社長　小林　章一

はじめに

●本書の概要

本書は早稲田大学ビジネススクール（ＷＢＳ）で開講されている株式会社アルビオン提携講座「感性マーケティング論」で、２０１３～１６年度に招聘したゲスト講師による講義のうち、銀座に本社を構える会社・組織のトップ４人によるゲスト講義の講義録です。

そして、〝感性に訴える製品づくり、感性に訴えるブランドづくり〟＝感性マーケティングの道を探り、これからの日本企業のものづくりやブランド構築に示唆を与える書です。

本書で取り上げる４社（銀座ミツバチプロジェクトはＮＰＯ法人）は、いずれも銀座に本社を構えています。もちろん銀座は、日本を代表するショッピング街ですが、同時にオフィス街や歓楽街という一面も持っています。その銀座で香席が体験できたり（日本香堂）、商いを通した老舗同士の近所付き合いがあったり（壹番館洋服店）、バーのママたちも協力してオフィスビルの屋上で蜜蜂を飼い蜂蜜を収穫したり（銀座ミツバチプロジェクト）、その蜂蜜で化粧品をつくったり（アルビオン）、銀座を舞台にした知られざるビジネスを展開する会社の戦略がトップにより語られます。

しかも、いずれも「感性に訴える」、「熱烈なファンが大勢いる」という特徴があります。これこそが、日本企業が目指すべき方向であることに疑いがありません。しかも、日本香堂は『エステバン』をグローバルに展開していますし、銀座の老舗和食店やアルビオンの高級化粧品は訪日外国人客にも人気です。日本的な文化や感性、価値観に基づく商品開発・管理、さらには「日本」発のブランド創造が求められていることを示しているのではないでしょうか。

「日本」発のブランド創造こそが、日本企業の喫緊の課題であることに疑いがありません。経営者自らの言葉の迫力と相俟って、多くのビジネスパーソンのご参考になると確信しております。

●本書の成立経緯

早稲田大学ビジネススクールでは、ビジネス界と密接に連携した教育・研究に注力しており、その取組みの一環として、座学だけではなく、それぞれの立場でご活躍の実務経験

者や第一線の研究者の方にゲスト講師としてご登壇いただいております。講義録としては、これまでに、

・『感性マーケティングの実践——早稲田大学ビジネススクール講義録～アルビオン、一澤信三郎帆布、末富、虎屋　各社長が語る』(同友館、2013年)

・『ジャパン・ブランドの創造——早稲田大学ビジネススクール講義録～クールジャパン機構社長、ソメスサドル会長、良品計画会長が語る』(同友館、2014年)

・『アミューズメントの感性マーケティング——早稲田大学ビジネススクール講義録～エポック社社長、スノーピーク社長、松竹副社長が語る——』(同友館、2015年)

の3冊を刊行しております。

各年度でさまざまなゲスト講師をお招きしているなかで、編者が担当する講義課目「感性マーケティング論」では、特定非営利活動法人 銀座ミツバチプロジェクト 代表 田中淳夫氏に2013年度、株式会社日本香堂ホールディングス 会長兼CEO 小仲正久氏に2014年度、株式会社壹番館洋服店 渡辺　新社長に2015年度、株式会社アルビオン 代表取締役社長 小林章一氏にはすべての年度にそれぞれご登壇いただきました。

本書は、それぞれのゲスト講師による講義と受講生との質疑応答を収録しており、ゲス

ト講師の講義録としては4冊目になります。

ただし、出版に際して、講義部分および質疑応答ともに、各登壇者と各企業の広報ご担当様やゲスト講師と編者による加除修正を行っています。

●本書の狙い
本書の狙いは、アルビオン提携講座「感性マーケティング論」の講義の狙いでもありますので、以下に紹介します。


世の中には、多くの製品やサービスがあふれています。それらを購入して生活の中で使用したり提供を受けたりすることで、私たちの生活は豊かになったり、快適になっていきます。したがって、私たち生活者に望まれ、市場で成功する製品やサービスを生み出すためには、使用する人間の立場での使い心地や受け容れられ方をとらえることが、企業におけるマーケティング活動の一環として重要です。

特に最近は社会全体が「人間重視・生活重視」の動きにあり、「感性の時代」とか「感性社会」という言葉が一つのキーワードとして多用されるようになってきています。このため、製品やサービスにおいても、人間の感覚や感性を問題にすることが多くなっており、感性マーケティング、感性工学、感性ビジネス、感性マネジメント、感性商品、感性デザイン、感性品質、感性評価などということが頻繁に聞かれるようになってきました。

「感性」とは何か、は哲学的で難しいのですが、これらの人間の「感覚」と「感じ方」を併せて「感性」とすると、企業は商品開発において「感性」を重視し、「感性に訴える商品」を提供する必要が生じています。「感性」を重視するとか、「感性に訴える商品」というと、何か浮ついたニュアンスに受け止める人もいるようです。しかし、上記のように考えると、「感性に訴える商品」とは、生活者にとって「魅力ある商品」、「価値ある商品」のことであり、「売れる商品」と同義です。したがって、これは商品開発上、本質的かつ根本的な課題です。

本講義では、移り気で変化も速い生活者の衣生活（装いを含む）・食生活・住生活（暮らしを含む）の感性に根ざした商品やマーケティングを事例中心に論じます。

（以上、WBS『講義概要』2017年版より）

目次

1 株式会社日本香堂ホールディングス ――癒しと文化を売る

2

壹番館洋服店——銀座の会社の商い

3 銀座ミツバチプロジェクト——こだわりと物語を売る

4 株式会社アルビオン
——経験と納得を売る

1

株式会社日本香堂ホールディングス
――癒しと文化を売る

ゲスト講師：株式会社日本香堂ホールディングス　代表取締役会長兼CEO　小仲正久氏
開催形態：株式会社アルビオン寄附講座「感性マーケティング論」〈第15回〉
日　時：2014年11月17日
会　場：早稲田大学早稲田キャンパス3号館
対　象：WBS受講生

●会社概要●

株式会社日本香堂ホールディングス

代　表　者：小仲正久（代表取締役会長兼 CEO）、小仲正克（代表取締役社長）、大久保哲夫（代表取締役副社長）

設　　　立：2011年 4 月

資　本　金：4,000万円

本社所在地：〒104-8135　東京都中央区銀座4-9-1

傘下事業社：（株）日本香堂、（株）日香リソーセス、（株）香十鬼頭天薫堂、（株）日香プロモーション、（株）医心方、（株）萬福香堂、ESTEBAN.S.A、NIPPON KODO VIETNAM, INC、（株）米国日本香堂ホールディングス、中銀 USA, INC、Genieco, INC、Nipponkodo, INC

小仲正久《こなかまさひさ》　略歴

（株）日本香堂ホールディングス代表取締役会長兼 CEO。1936年 9 月（株）日本香堂創業者長男として東京に生まれる。1959年 3 月慶應義塾大学法学部卒業（学生時代はボート部で活躍）。4 月（株）日本香堂入社。1965年 4 月専務取締役就任。1981年10月代表取締役社長就任。1992年 6 月代表取締役会長就任。2011年 4 月（株）日本香堂ホールディングス代表取締役会長兼社長就任。伝統の線香を日用品としてポジショニングし、積極的な広告活動とともに量販店チャネルを開拓。線香の顧客価値を高める活動を継続し、「毎日香」「青雲」を線香を代表する全国ブランドにつくりあげる。トップメーカー、グローバル企業として揺るぎない地位を築く。著書に『「美質」の時代』『成熟市場の価値創造』（以上、東洋経済新報社）、『アドベンチャー精神と価値創造経営』（ダイヤモンド社）など。

【司会（染谷）】 それでは、今日が「感性マーケティング」本年度秋学期授業の最後になりますが、今期4人目のゲストスピーカーということで、日本香堂ホールディングスの小仲会長兼CEOにお越しいただきました。よろしくお願いいたします。小仲会長は、お線香の日本香堂を傘下に持つ日本香堂ホールディングスの会長兼CEOです。

私はたまたま、授業で京都の香老舗である松栄堂の話をしましたけれども、そのためお香の会社をいろいろ勉強しました。また、小仲会長がお書きになった『アドベンチャー精神と価値創造経営』（ダイヤモンド社）という本を拝見しましたら、顧客経験という対談の中で、「うちはものを売っているのではない。形のない、無形のものを売っている。無形のものだから滅びないし、むしろお線香という単なるものではなく、その効果あるいは結果としてのエンドユーザーの生活の中に何をもたらすかである。それは文化であり、ライフスタイルであり…」とありました。ちょうど今まで勉強していた経験価値の概念が、そのままそっくりここに入っていて、感激しました。授業ではいつも「モノを売るんじゃなくて、コトを売っていくんだ」という話をしているつもりですけども、そういった意味では、今われわれが一生懸命勉強しているところと近いお話がお伺いできるんではなかろうかと思っております。

それでは早速になりますが、小仲会長にお話しいただきたいと思います。今日も、ぜひ活発な論議をお願いいたします。それと今日、小仲会長から『ドラッカー：人・思想・実践』（ドラッカー学会監修、文眞堂）を皆さんに贈呈したいということでお配りします。この中で小仲さんがお書きになっている章もあります。

日本香堂ホールディングスと銀座

【小仲会長】 先ほどご紹介いただいたんですが、会社はホールディングスという形で2011年に、日本香堂の先代からの拠点の銀座に設立して、子会社は13社、半分が海外の会社です。日本と海外の子会社を全部、ホールディングスが親会社になって持っているという形になりました。日本香堂も子会社の1つであって、横に兄弟会社という形で並んでいる組織になっております。半分が外国と申しましたけど、世界中にまたがっており、その中で日本香堂が一番大きい会社なんです。以前はそこがみんな子会社として持っていたんですが、日本香堂のノウハウだけでは、そこの経営をしていくのは非常に難しくなってきたということです。

ホールディングスは現業会社じゃないので社員数は少ないんですが、全部株を持っているという形にしました。なかなか、ホールディングスのほうに人事異動をしても、あまり社員は移りたがらないんですね。やっぱり現業のところから離れたがらないということがあります。子会社経営というのは、別の会社なので、外国の会社なんかはそこの国の人間が社長になっているケースが多い。たとえば香港あたりだと中国人だし、フランスの子会社の場合はフランス人、アメリカの子会社の場合はアメリカ人というように現地の人たちです。もちろん日本人が行ってやっているところもあるんですけれども、そういうことになると、価値観やライフスタイルそして法律もかなり違うので、これを統括していくには今までの線香業で、現業をこうやって積み上げてきた経験が通用しない。

外国人の場合は文化も違うし、先ほど話したように習慣も違うので、かなり付き合うのが難しくなってくるということで、ホールディングスにしました。

私どもの原点となる会社は、織田信長が活躍した天正年間に創業しております。戦時中の1942年に旧法人を設立し、戦後の1947年、東京都中央区銀座に本社を移転しました。

写真１　日本香堂の本社ビル（銀座４丁目）

飛鳥時代から今日まで続く、深く長い歴史をもつ「日本の香り文化」を、日本香堂は後世へと継承したいという想いから、これまで何十年にもわたり香文化の普及に力を入れてまいりました。その一つに２００８年に銀座本社ビル（写真１）に開設しました『香間・香十庵』における「香道教室」があります。世界でも類をみない香りの芸道、香道。日本の美しい季節と香を知り愉しんでいただけるよう、香木の香りを深く味わう「聞香」やいくつかの香を聞き、香りをあてその奥に表現された文学を読み解く「組香」、お手前のお稽古など、香道宗家、師範をお招きして指導していただきます。本格的な「香道教室」のほか、香道に初めて触れる方にもご参加いただける体験席も開いておりますし、外国からの観光客の方々にも香道を体験していただいています。この香間の内装デザインは、香道の形づくりが始まる室町時代、8代将軍足利義政による東山文化発生の銀閣寺の弄清亭《ろうせいてい》の香間の間取りを模して造られています。弄清亭の香間は、香間の祖型といわれ、その本格的な伝統の香間を銀座本社に再現しております。

このように、銀座本社は「日本の香り文化」を伝える役割も担っています。日本の顔、東京の顔である銀座の地は、東銀座の歌舞伎座も近く、和装はじめ、伝統の老舗も多く残っていて、銀座を拠点に発信しています。銀座は明治の文明開化以来、日本の商業の中心であり、良き伝統と時代の先端の新しいものが同居しています。私自身、京橋生まれの本籍は銀座人で、小学校は銀座の泰明小学校に入学しました。銀座は世界につながる文化ビジネスの発信拠点であると、肌で感じてきました。

実務経験と理論との関係

今日お配りした本もそうですが、かなりドラッカーの影響を受けて、それが『アドベンチャー精神と価値創造経営』（写真2）へとつながっています。ドラッカーはアドベンチャー精神というのは言わないんですけども、2004年ごろはデフレに入って10年というような時期でしたから、日本人が今までのものにこだわらないで、冒険というアドベンチャーという題名にしました。がんばればよかったという時代がありました。日本ハムファイターズというのは、その時代に付いた名前ですよね。

がんばれば、一生懸命働ければ必ずお金が貯まる、確かにそういうときもあったんですが、一生懸命働いても、本当にいい生活ができるかどうかっていうのはかなり難しくなってきて、チャレンジ、挑戦しなくちゃならないよ、こういうような言葉が流行ったんです。その時代というのはデフレに入っていたときです。アドベンチャー精神を持たないと冒険、何かの殻を破って出ないともう無理だというふうに考えたために、そういう本を最初にダイヤモンド社から出したんです。これはよく売れました。ドラッカーの言葉と私が提

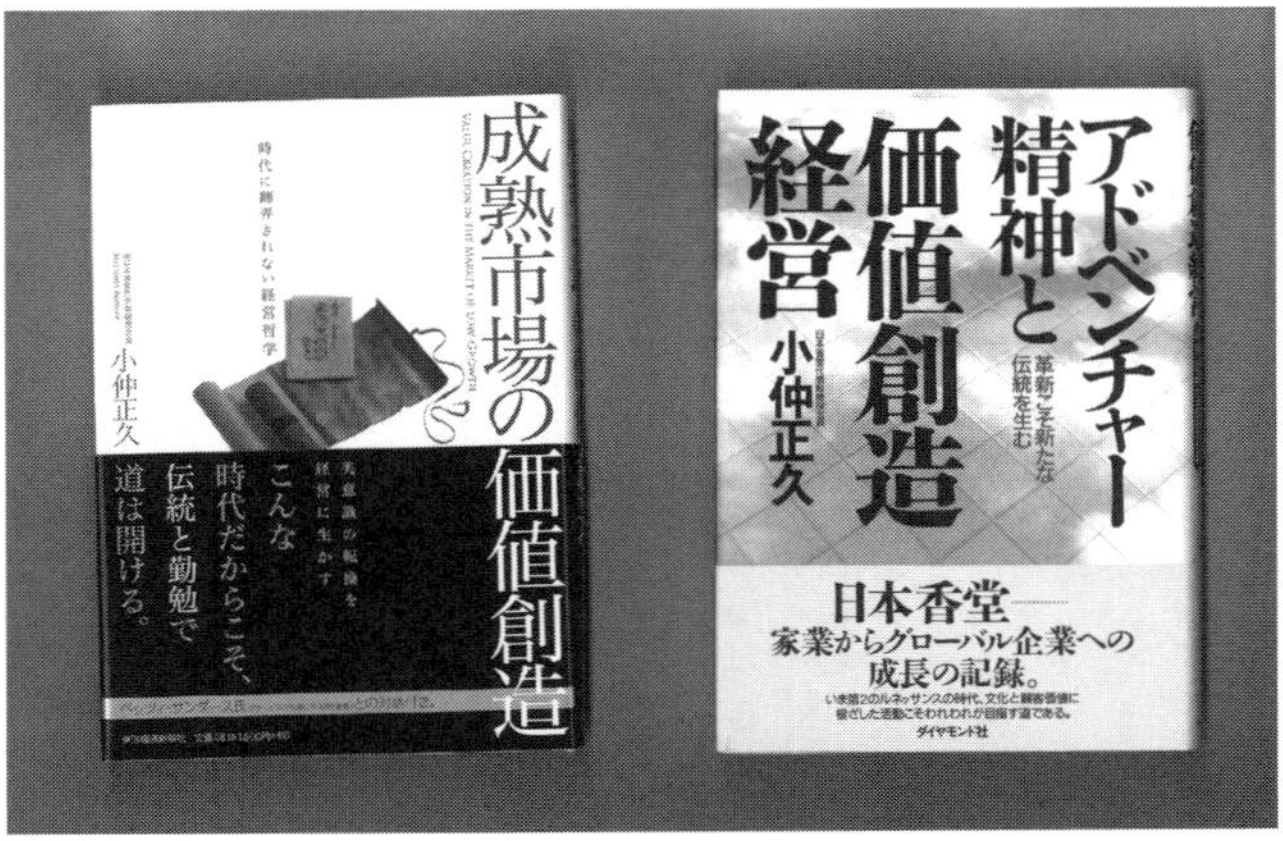

写真2　小仲会長の著書

案する言葉と合体させて、題名にいたしました。

長い間、56年間、実業界、現業にいて、いろんな人と付き合い、苦労もして失敗もして、そういう中でいろんな失敗とか成功というのがあり今があるのであって、学校の教授がお話しされるのは、いろいろ研究して、非現実的なんですよね。それを現場に下ろすことによって初めてその理論は有効になるのであって、理論だけが走ってるんじゃ何の価値もないと私は思うんです。

じゃあ現業を一生懸命やっている人たちっていうのは、いろんなすごい経験をしても、たぶんそれを何か理論に、100回やったら96回はこういうケースでこうなったっていうような、そういうものを示さないと、まだ経験していない皆さんにわからないんじゃないかと思うんです。経験しなくちゃわからない。そういうことで、私のほうは経験から理論化しようと、こういうふうに思っています。皆さんはどちらかの会社に籍を置かれているということですが、ビジネススクールはアメリカなんかでも、会社派遣ということになっています。ですから会社の幹部にするからしっかり教育してくれよと、こういうことで預けるわけなんです。そういう点でいえば、ビジネススクールと実社会を合わせるというのが、アメリカでハーバードでも何でもそれが条件ですよね。ファミリーカンパニーならば、息子といえば、これはたぶん継承者になるだろうと。ここで勉強したことが実社会に役に立つだろうということで教えます。会社派遣というのは、今のトップマネジメントが、この人は将来幹部に起用して、会社を盛り立ててもらいたいと、保証付きで入ってくるんですね。

先ほど、自分でお金を払っている人もおられるとお聞きしましたが、アメリカのビジネススクールではそういう人は少ないです。今日は私よりはるかに若くて経験は少ないけれども、体力と気力は十分という方々と、全然違うスタイルの人間が話し合っているわけなんですが、皆さんに足りないのは経験です。ですから、それを聞いていただいたほうがいいのではないかと思っています。

次元と時間軸

いずれ印刷媒体になるということですから、少し仕分けしてお話ししたいと思います。まず、次元という言葉があります。これは空間を表す座標の数です。1次元は線、2次元は面、3次元は立体です。4次元は時間軸で過去と未来です。この次元の考えをまず入れることを申し上げたいと思うんです。時間というのは過去ずっと歴史があって、皆さんの家庭でも歴史があると思うし、日本国でもあると思うし、地球規模でもあると思うんですけども、歴史があって、今の自分、現在というポイントがある。自分のポイント、これが1次元です。

それで今度は、将来これはどうなるかというのは、100年、200年、300年、宇宙的規模で、僕もスタンフォード・リサーチ・インスティテュートで学んだんですけど、そこの研究所はロボットが歩いてたんですね。もう45年ぐらい前の話ですけど、ロボットが歩いていました。ロボットと碁並べ、勝てないんです、人間が。そういうことをやっていまして、僕はびっくりしたんだけど、そのときにネイティブアメリカンみたいなスタイルの人が来たんです。

これは何をやるんだろうなと思ったら、この人は未来予測だっていうんです。未来予測っていうのはどうやってやるのかといったら、その人は占いなんです。強力なコンピュータを使って、何十万年、何百万年か知らないけれども、そういう地球規模で変化を捉えます。ずっとコンピュータでデータ、簡単に出てくるんですけれども、それを将来に向かって、同じような月と現象とが重なったりすることがあるんじゃないですか。そういうときにこういうことが起こるというような話なんです。こんな変なはち巻きしたりして、この人が教授かなと思ったんですけど、しかし最新型のコンピュータを使って計算していたんです。

こういうのが未来予測かという、ドラッカーは20年、それが最低というんですけれども、未来という時間軸の中で何百万年もあるわけ、過去もあるわけ。そして、歴史からわれわれは逃れられないんです。中国から言われる、韓国から言われる、違うんだと言っても、歴史はある部分、彼らの言うこともあるわけだから、われわれが違うと言ってもこれから逃れられない。皆さんも絶対逃れられないですから。これはよく覚えておく必要がある。

じゃあ将来。これも遠い将来まで見て、やっぱり逃れられないんです。今から何が起こるかわからないといっても、将来のことはやっぱり逃れられない。そうすると自分が1次元ということなんです。4次元の時間軸でいくと、過去のことは負の資産といわゆるプラスの資産とがあります。先ほど文化とおっしゃったけど、文化は日本の遺産です。捕虜がどうしたとか、必ず出てくるわけです。それは逃れられない現実。こういうものをよく認識する。過去のありがたいものもあるけど、もう聞きたくもないというようなのがあります。それは国にも家庭にもある。将来は何がある。みんなわからないんです、将来は。しかしやり方によってはわかるんですよ。

マーケティングの真髄はポジショニングなんですよね、ポジショニング。自分がどこにいるか。今は真冬なのか。今、雨が降っているのか、晴れているのか、夜なのかとか、そういうところをしっかりさせないと、マーケティングの根本はできないと思うんです。そうすると、それを測るには自分のポイントを遠くから、なるべく遠くから、できる限り情報の取れる限り遠くから自分のところへ集めるんです。

マーケティングにも次元があります。3次元は立体ですけれど、これは宇宙なんですよ。

この立体面というのは宇宙から引っ張ってくる、月から引っ張ってくるとか、いろいろあると思うんですけども、宇宙もわれわれの世界の中に入っているんですね。だから、なるべくそういうところから持ってくる。それで自分の1次元のところへ持ってくるというのは大事なんです。なるべく遠くから。

それから2次元は地球で、これはグローバリゼーション化と置き換えていい。なるべく外国の遠くからこっちへ持ってこないといけません。これはドラッカーも言っているんですけれども、ローカルこそグローバリゼーションの影響を一番受けると言っています。だから、地方へ行くと過疎化して、商店街のシャッターが閉まっている。シャッターメーンストリートなんてありますけれども、あれはアメリカの実例を見ればわかるんです。だからローカルこそグローバリゼーション。外へ向けてのグローバリゼーションと内へ向けてのグローバリゼーションがあるということを言っています。

次元の考え方をまず持つことが非常に大事で、すべての次元は可能な限り遠くを見て、そして自らに引っ張ってくる。未来、宇宙、地球、そしてその中心にある自分が今どこにいるのかということを確立するために、これが一番大事なところだと思うんです。

世界的な学者から学んだこと

それから、私はよく学者の人たちと付き合いました。実際、「青雲」を新発売したときは会社がつぶれそうだったんで、現場をやって走り回らなくちゃならないんだけど、スタンフォードとかハーバードとかに勉強に行きました。ボストンコンサルティンググループも日本に会社をつくる前に、あちらに行っていろいろ勉強しましたけど、学者の人たち、理論の人たちと話し合ってこれを融合させていくっていうのは、非常に大事なことだと思います。

ドラッカーの話がさっき出ましたけど、私が最初に付き合ったのはアルビン・トフラーです。この人は『フューチャーショック（邦題：未来の衝撃）』（中公文庫）という、ご存じかもしれないけど大ベストセラーを出した人です。お話を聞いてびっくりしました。インドネシアの小さい未開の島で10歳の子どもが、どう見ても毛は白髪で顔を見たら老人だと。70過ぎた老人で私みたいなのを言うんでしょうけど、それと顔が変わらない。何でだと。50年近く前の話ですよ。これがフューチャーショックということです。70～80年の情報の変化を10歳で受けてしまったからこういうふうになったという、その本を出して、これは大ベストセラーになりました。その人ともいろいろ話したんだけど、これは今でも、50年近くたってもまだ話のネタになるぐらい、大したものだと思うんです。

また、フィリップ・コトラーを招聘してお得意先に講演をしてもらったことがあります。そのころ全米マーケティング協会の会長でした。それからダニエル・ベル。未来の予測をする人ですけど、この人も10年ぐらい前にロシアの政変っていうのを予言していました。アメリカは戦争しなくても共産主義体制を滅ぼせるということを言っていました、盛んに。それから10年後にベルリンの壁が崩壊しました。

それからベッツィ・サンダースという女史とも。彼女にはわれわれの社外重役にもなってもらったんですけれども、ノードストロームという最高級デパートの一店員として入って副社長まで上り詰めた人です。今はもうノードストームは辞めていますが。

90年代に『サービスが伝説になる時』（ダイヤモンド社）という本を出して、これもベストセラーで、ホテルオークラとか外食チェーンとか、サービス業の人は皆が読んだ本です。いわゆるトップが下にいて、新入社員が一番上にある人事組織表をつくりました。トップはこの人たちに奉仕する役だということを言いました。それはどういうことかというと、顧客と対応するのは全部下の人。トップというのは、ほとんど顧客とは対面しないわけです。だから顧客志向となれば、ドラッカーも顧客志向なんだけれど、顧客の目線、お客様と接する人たちに情報を与えたり、教育したり、いろんなことをしてサービスすることがトップの仕事で、新入社員にサービスする役割だということで、一番下にトップがあるんです。

アメリカへ行くとノードストロームという、今、その当時とは変わっちゃっているんですけれども、大きな百貨店チェーンがあります。もともとシアトルの靴屋さんですね。

そこの靴は有名なんですよ。靴っていうのは皆さんご存じか知らないけど、サイズだけじゃなくて色もあるし、形もある。これがいいって言われてから出すまで、裏へ行って探してくるじゃないですか。それで最後は、「ちょっとあなたのサイズはありません」となるんですけど、指定された靴がないっていうことがないんです。まだコンピュータのない時代です。それがすごいっていうことで評判になったところなんですけど、一番在庫の多い業種ですからね。それがすべてあるんです。裏へ行けばすぐ出してくれる。お客様を見たら、その人の靴のサイズが一発でわかっちゃうというようなサービスをしていた靴屋さんが、今デパートですけど、デパートになるとそういうのは行き届かなくなるものなんです。最高のデパートっていうのはニーマン・マーカスだと言われているけど、今のニーマン・マーカスはかなり問題があると思うんですよね。

ですから、会社が大きくなっちゃうと稼がなくちゃならない。ニーマン・マーカスは買収されているから、お金を払ったらそれを早く回収しなくちゃならないっていう使命があるから、なるべくチェーン展開するとか、細かいことよりどかっと何かやって売上を上げるって、そういうふうに特徴がなくなっちゃうんですよね。ノードストロームのマーケティングは昔のニーマン・マーカスそっくりのことをおやりになっていると思うんですけれども、今のニーマン・マーカスにはそういうのがないと思うんです。

このように学者と付き合うと、いろんなことがわかるし、また世界が広がる。あの人たちは現実に仕事してないから、何でも言えるんです（笑）。早稲田大学ビジネススクールでもそうだろうと思うんだけど、現実に仕事してもそうは話ほどうまくいかないですから。だけど、そういうのに行き詰まるっていうか、なかなか難しいっていうときにこれは解決策になるんです。だから長沢先生も大いに利用したほうがいいんだろうと思うんです（笑）。そんなことを言ったって、私の会社ではそんなにうまくいかないよというのはいっぱいあると思うんです。その点は捨てればいいんだと思うんです。

写真3　ドラッカーと小仲会長夫妻

私が一番付き合ったのは、やっぱりドラッカーですね（写真3）。最後に日本を訪問したのは私どもの講演のため、私ども一社のためだけに来たんです。それ以後は日本に来たことはなかったので、そういう意味ですごく親しくなったんです。

最後の講演のとき、今日のお客さまは200人あまり来ているけど、8割がファミリーカンパニーのお客様なんだということを言いました。彼は大企業のコンサルタントもやっているので、大企業向けの話をしても今日のお客様は全然違うんだと。顧客サービスはあなたの持論だからとお願いしたら、わかったと。割合サービスいいんです、あの人は（笑）。

それで何を話されたかというと、冒頭に「ファミリーカンパニーが一番すばらしい会社の形態なんだよ」と言ったんです。それはなぜかというと、決断が早い。投資も。というのは株主がいないんだから、自分イコール経営者イコール株主、だからすべてにいいというわけ。ただしこれには欠点がある。ファミリーカンパニー最大の弱点は目が内向きになること。親戚とか親とか子とかいろいろあったり、だいたいワンマンが多かったり、資本と経営が一緒ということが多いですから、ここに権力が集まるので社員がみんな内向きになる。これが崩壊の原因なんだ。これさえ気をつければ一番いい形だと、こういうふうに言いました。

余談ですけど、ドラッカーは講演始めると開口一番に言うんです。「銅はどこが産地だと思いますか」って質問する。すると、みんなびっくりしちゃうじゃないですか。そうすると、しーんとしちゃう。それで中には少しは知識のある人がいて、コンゴのキンシャサとか、あそこらへんだというので、「コンゴでしょう」なんて言う人もいる。「違います」って言うんだよ。それで、じゃあ何かというと「ニューヨーク、マンハッタン」って言うんです。得意の構図ですよ（笑）。

今、ピュアな銅線がマンハッタンの中にはどのぐらい入っているかわかるかって言うわけ。これがサテライトになると全部要らなくなる。鉱山で精錬する必要ない。ピュアだ。「マンハッタンですよ」と言うと、みんなびっくりするじゃないですか。そんなところで銅ができるのかなって、そういうので引っ張っていく、上手な人ですよね。そういうふうに思いました。

その次は3番目なんですけども、ベッツィ・サンダースが言ったんです。リーマンショックでアメリカ人は変わったと。それが3つのPだと彼女は言う。1つはピープル、2がプラネット、3がプロフィット。プロフィットっていうのは、たぶんマーケティング研究している人、みんなの目標だと思うんです。どれだけ稼げるかっていうのを、そのために勉強しているんじゃないですか。人間形成とか、精神をすごく高邁にさせるためじゃないんです。金をどのぐらい稼ぐかと思っているんじゃないですか。もうそれは古いんです。

ドラッカーも言っていますけど、企業は限りなく非営利事業になると。これはもう1990年ぐらいに言っているんですよね。もっと前かな。要するにプロフィットを目的としない、組織に。日本の震災以降の状況を見ればわかるんですけど、かなり非営利事業組織が増えました。これはドラッカーが予測したんですけども、こういうふうに3つのPの場合、ピープルというのは人ですよね。3つのPっていうのは無理につくった言葉だと私は思うけども、この人間対人間、これが一番の中心なんだと。

それから2番目にプラネット、地球。これは環境の問題なんです。それで3番目がプロフィット。人間社会である以上、人が一番重要。その次は環境。今、何が起こるかわからないって言っているけれども、日本の火山も爆発している。世界の1割の活火山は日本にあるんですね。日本なんかなくなっちゃうかもわからない。北京とか広州のほうに行ったら、一寸先が見えないの。冬なんか行ったら石炭を焚くから、全然見えないです。

「青雲」のマーケティング

マーケティングというと、日本香堂のことを言わないと、マーケティングの話に全然ならないねということになりますので、これは「青雲」（写真4）という当社の看板商品のマーケティングを代表的に話せばいいと思うんですけども。慶應とか、一橋とか、同志社の先生を集めて研究しました。これ、売れなかったんですよ、全く。1回はうまく売ったんだけど、返品になって、マイナスの売上になったりして大変だった。これを売るために

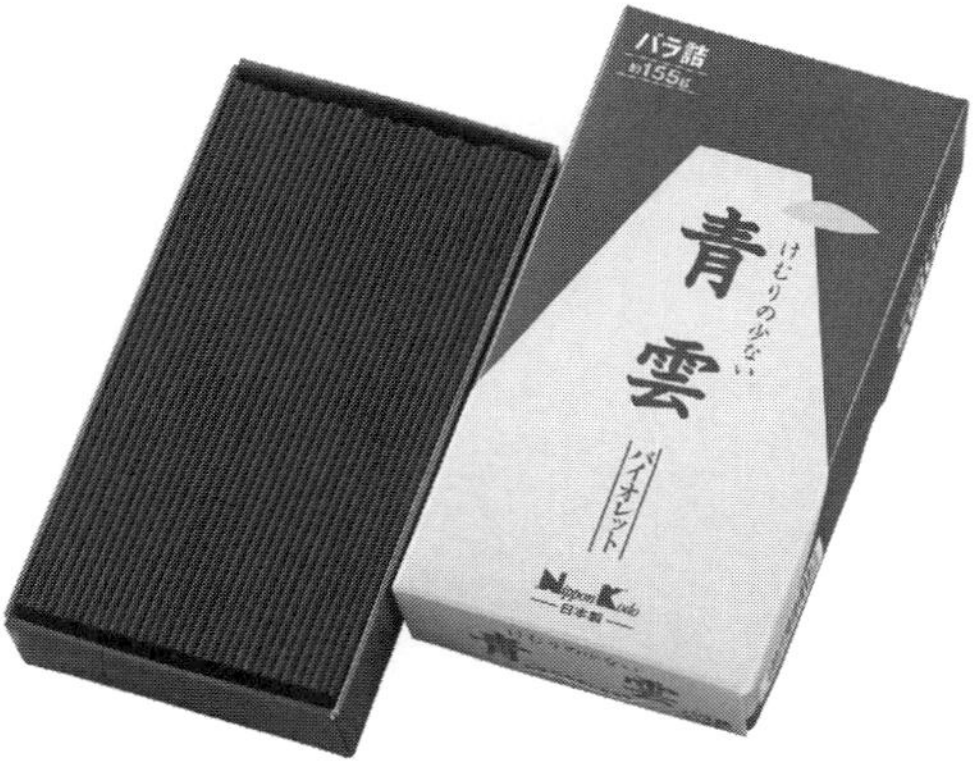

写真４　青雲

勉強したようなものなんだけど、このお話をしないと、マーケティングの教室じゃあまり話にならないと思いますので。

われわれ430年前、香十という当時唯一の宮中出入りの香司、香名跡が創業で、江戸時代には香十高井十右衛門という香名人が銘香作りで名を遺しています。私は聞いた話を話しているんですけど、現実は知らない。110年前、大阪、堺の生まれの鬼頭勇治郎が、「毎日香」「香水香 花の花」というのをつくりました。これは奇想天外の調合をして、明治時代ですけどベンチャー企業ですね。110年もこれを引き継いでいるんですよね。日本香堂はある問題があって、「蘭月」というブランドは会社の70％の売上があったんですが、それはほかの人のブランドを借りる形でやっていたんです。これを引き揚げるという話になって危機に陥って、その代わりに「青雲」を売り出したというわけです。

だいたいどこでも変革とか改革とかいろいろ言いますけど、ラクしているときは誰も変革を求めません。口だけで言ってるんです（笑）。経営者の変革だなんて、そんなもの、経営者だって求めてませんよ。今のままが一番いいんだもの。だけど困ったとき、このまじゃもうなくなっちゃうというときに、初めて起こるんです。こういう話をすると、必ず変革というのはどういうことでおやりになりましたかと、イノベーションだろうとか言われるけど、はっきり言って普通にうまくやっているところがあったら、全然イノベーションなんかしないほうがいいんだ。困ったときですよ。今、困った企業がかなり多くなっていると、日本の場合は。だから非常に言われるけど、できれば変革なんかしたくないというのが人間の本心だと思います。

そのとき、どこへ行っても断られたんです。商店街の荒物屋さんとか、雑貨屋さんとか薬局さんとか、そういうところで売ってもらっていたんです。どこへ行っても、「蘭月」を売っていたときはそれはいけたんだけど、今度は「青雲」ですと言ったときには、もう全然置いてくれない。そういうことで、これはもう消費者に直結する以外ないなっていうんで、宣伝をしながら量販店へ。そのころダイエーが出現して、量販店時代というのが来ていたんです。そこへ売り出したのが「青雲」、消費者直結。量販店というのは今までの小売店のように商品説明しないですよね。勝手に消費者が来る。

テレビの画面に箱を出したり、ラジオで青雲、青雲、富士山に青い雲なんてデザインを説明して売ると、顧客が自ら手を出して選んでくださるようになりました。いろいろ消費者に直接にアピールしました。それがちょうど今の流通業を短縮するのと全部合って、われわれはここまで来られました。50年前のことです。

デフレ時代に「癒し」で売る

そういう意味では、量を売るマスプロダクション、マスコミュニケーションという時代の権化だったと思うんですけれども、今このテーマは違う。われわれはじゃあどうするのかと。「青雲」と「毎日香」で70％ぐらいのシェアになったけれども、これをどうするのかという問題があるわけですよね。そうすると、何か1つ見いだしたのは癒しの時代だと。

2007年にテレビ番組の『カンブリア宮殿』に出演したとき、150人ぐらいインターネットで観客を募集して、その人たちに囲まれての収録でした。盛んに癒しの時代の企業なんて言われて、格好よく出ていったんです。すると、突然質問が出るんです。「癒しと言われますが、おたくの社員は、皆さん、癒されていますか」って、嫌な質問する（笑）。それで、「いやいや、僕は会社が社員を癒そうなんて思っていません、全然。ただし、社員の側がこの会社にいて、癒されるという方法を探すべきじゃないですか」って、僕は答えたんです。

会社がやっているメーンの商品・サービスに対して興味を持って、面白いというふうに自分でつくり上げていくことこそ、癒しになるんだ。好きなことをやって、昔の例だけどゴルフ行く人、釣り行く人だって、みんな4時ごろ待っていましたよ。街道筋で、一人で。一番遠いのが車に乗って順に拾っていくんです。4時ごろ、暗いうちから。普通、働けといったってそんな4時ごろから働かないですよ。ゴルフや釣りに行くっていうから、そこで待っている。

好きならいいんです。だから好きになるように努力してくださいって、それが癒されることですよって僕は言ったんだけど、経営者はそんなに皆さんを癒すなんていうのは、働く場所で癒されるなんて考えたことないでしょうと。だけど結果的には、ご自身で自分を癒すっていうことはできると思うんです。そういう努力をしてくださいと言って、それは即興の返事だったんだけど、そういうふうに言いました。

ここで問題は、国内で売りにくいから世界市場に出る。うちは50年前からニューヨークに会社をつくりました。だから非常に早いので、それの続きとしてフランスのエステバン社（つくば万博にも出てきたんですけれども）を買収しました。量販店で売っている安い芳香剤、アメリカだったら2ドル、3ドルくらいのものが多いですけど、こちらの商品は高いんです（写真5、6）。7000円、8000円、1万円近くする。ルームフレグランスのトップブランドの会社ですが、ほかにどんどん安いのが出てきて、今や日本でももっと売ってくれって言われているんだけど、なかなか高くて売りにくい。ここで皆さんに教えてもらいたいぐらいだ（笑）。今の時代は20年間デフレですから、明日、安くなる。明後日、もっと安くなる。1年後にはもっと安くなる。デフレっていうのはそういうことですから、絶対買いませんよ、誰も。

2014年4月の消費税率引き上げ（5％→8％）のときもそうじゃないですか。3月

写真５　エステバンのパリの店舗

写真６　エステバンの商品

31日のスーパーの店頭を見てくださいよ。棚には商品はがらがら、何もない。3％上がるだけでもそうですよ。さっき買っていったじゃない、いっぱい。車の中に。またその人が並んでいるんです。考えられないよ。今まで全然買わない人が、急に31日になって買っているというのは。3％だけでもそれなんだ。だから、明日上がるっていうと絶対買うんです。そんなものは車のトランクにいっぱいも要らないんだから、絶対に。洗剤、ティッシュペーパー、みんななくなっちゃったんだ。メーカーは3割、4割も売上が上がったんですから。みんな、メーカーの社長が言っていました。売上が上がっちゃって、もうすごいのだけれども反動が怖い。じゃあ、出さなけりゃいいじゃないかと、私は思うのです。日用品なんだから来月になれば、またいずれは買うんだから。

だけど、習性がついているから今の人は、売上が上がらないときに、どんどん出すから駄目なんですよ。あとのあと全然売れないんです。そのぐらい要らないものを買う。だけど、デフレっていうのは要るものも買わない。おまえ、ちょっと節約しろよと。トイレットペーパーなんてそんな違わないと思うんだけれども、使用量減らしたりするから、それが大きいんです。すごく大きいですよ。量は。そういうマインドっていう問題なんですけど、こういうデフレの時代というのは本当に大変です。

P&Gという世界企業があるじゃないですか。ここは上手ですよね。震災のとき、どんどん着ているものが汚れちゃうじゃないですか。日本の企業は、すぐ洗剤を持っていくんですよ。これが援助だと思っているんです。震災のところでは水は出ません。現地に洗剤を運ぶルートだってない。みんな、入口のところで大量在庫。

P&Gはうまいですね。慣れている。街の中に台を置いて、「いつでもここにお出しください。翌日、真っ白にしてお返しします」。こう言うんだ。地域に簡易な洗濯所を作って持って行くわけです。もう断然差がついちゃう。これ世界戦略ですからね。日本のメーカーは慣れないから。だから送ればもう援助しているだろうというつもりになるわけですが、送れば逆に迷惑ですよ。在庫する場所もない。水もない。だからそういうところ、やっぱりグローバルっていう問題で、今われわれは、エステバン社のように取り組んでいます。ほかにも、米国で一番大きいジェニコというお線香屋さんがあるんですけど、これはヒスパニック用に売っているんだよね。彼らはがんがん焚くので、われわれのお線香は値段も高いし、そうは売れないですよ。だったらこれ、この会社を買収したほうが早いです。自分で売りに行ったって、そんな商品もないし。

問題は、必ず新製品とかそういうことで需要喚起しなくちゃならない。新製品なんか絶対売れないからね、デフレの時代は。もう99％売れません。ヒットっていうのはビジネススクールでお話しされるかもしれないけど、そんなのはまずない。画期的な新製品ってなかなかできません。ノーベル賞ものみたいなＬＥＤのようなものができればまた話は別かもしれない。普通はない、ほとんど。数字的にはないに等しい。

そうすると、こういう新製品の開発というのは、新しいびっくりするようなものをやると一番いいけども、それはないということです、ほとんど。そうするとアソートメント、何か混ぜて、組み合わせですよね。そういうものをやるとか、あるいは使い道を変更する。われわれの場合は仏壇にあげるお線香だったんです。それが癒しになったんです。そうすると、これで確かにアルファ波、ベータ波って脳波の中にあるんですけど、香りは脳を刺激する性能を持っていて、鎮静化することもできて活性化することもできる。

マーケティングで有名なのは自転車ですよね。自転車っていうのは、ものを早く、人間を早く目的地に、人間が歩いて担いでいくよりはるかに速く行くし、昔だったらリヤカーなんか付いているから、かなりの量を持っていけるということがあったんですけれども、みんな自動車等運ぶ手段ができて、業界みんなつぶれるとか廃業するとか、自転車やめたんですよね。戦後の日本は自転車だけだったし、今、ベトナムもそろそろ自転車の時代終わるかもしれないけども、バイク。バイクももうそろそろかなとは思うんですけれども、そういうふうになって自転車の需要がなくなる。

今残った自転車業は大盛況なんですよね。車に乗らない人たちが大量に出てくるとか、あるいはスポーツですね。自動車より高いんだ。50万円とか何とかっていう自転車もある。ヨーロッパは、日曜日行ったら、みんな家族で乗っているじゃないですか。あれはスポーツというか、健康。そういうふうになると、また違うんです。用途が違う。そういうものを見つけ出すというのは大きいと思うんですよね。だから新製品というと、何か新しいもののそんなものできないよ。それで金かけてやったって売れないでしょう。だから、こういう考え方を持ち合わせることが必要であると思います。

日本の感性をマーケティングに生かす

今、日本の感性っていうのは、ある外国では認められていますよ。日本人は時間が正確。今日も時間ぴったりに始まったんじゃないですか。こんな国ないですよ。たとえば、香港の会社の人たちを日本に招待すると彼らは時間を守らないですね。日本に来て観光バスに乗るじゃないですか。観光地に行って何時に集合、出発だよって言う。ぴったり来ますよ。あの人たちはその習慣がないのになぜ？　日本に行ったら日本人はぴったりしているから、時間どおり行かなくちゃ駄目だって、彼らは自分に言い聞かせる。だから集まるんです。それぐらい日本が時間に正確っていうのは有名なんです。地下鉄が間違いなく来るなんていうのは考えられない。そんな話はいっぱいあると思うんですけど。それから、きれい好き。日本はきれいだと言います。

世界中にないものが結構日本にはあるんです。電車で年寄りを見たら若い人はすぐ立ちましたね、以前は。今は立たないけどね。パリでは立ってくれるアフリカ系の人はいるけど、日本では立ってくれる日本人はいない。僕は座ろうと思わないけれども、そういうあったはずのものがなくなっています。だから、必ずあると思っちゃいけないけれども、まだみんな世界中の人が、東日本大震災のときも感じたと思うんだけども、僕はアメリカで見たんですよね。地震や津波の映像っていうのは。すごかったですよね。たぶん日本で見るよりはるかにすごい。死んだ人がいる。これは日本では映さないですけど、アメリカでは映すんですよね。大変なことですよ。

だから、そういうところでも日本人がどうこうって話題になるのは、もともとそういう彼らのイメージがあるから、そうに違いないと思っているわけ。それで一つぐらい助け合う事例なんか見ると、そうだと言っちゃう。それほどでもないと思うんだけれども、日本人はそうだと思っている。

日本人は今、休みが一番多いからね。世界中で。こんな3連休が月に2回あるような国はないです。だから社員にも言うんだけど、日本人が一番休みが多いんだよって。でも社員は、うそだなんて言っている。まだ昔のイメージを日本人は持っている。だけど外国人は、今、日本人が働かない、休みが多いってみんな知っていますよ。月曜日はいつ電話しても、何か休みらしい。日本は月曜日休みらしいよと言っている。月曜日、一番忙しいとき、何で休み？「今日はお休みをいただいております」なんて返事が来ると、頭来ちゃうんじゃないの。だから、日本人が思っている働きすぎだろうというのは違います。

だけど、今言ったようなそういういろいろイメージがあって、日本はすばらしいと思っているのも事実。だからこういうものを使う必要がありますね。感性マーケティングというならば。これを形に具現化していく必要が、もうそうに違いないと思っているから、今から宣伝しなくても済む。そういうものを何かって、さっきの次元の話じゃないけど、過去からの歴史をよく見てみると、そういうふうに評価されたものはうまく使うということが大事だと思うんですよね。長い間、年月、何世代にもつながってみんなやってきたこと、それをいただくっていうのは一番大事だと思うんです。

われわれがそう思っていることで、そのとおりというのもあるし、われわれが思っているもので、全然違う現実というのもあるということをよく知っていただきたいと思いますけれども、いずれそういうものを使って、日本あるいは自分の会社、自分自身を売ること、これは大事だと思う。

日本の最大の文化的遺産というのは仏教文化です。これは間違いない。誰でも知っていると思うんだけど、仏教はインド発祥でお釈迦様が30歳で悟ってずっと回ってきた。シルクロード、中国を回って、朝鮮半島から日本に来た。ここまで来たらもう行くところないです。地図広げればわかります。太平洋です。ここで最大の仏教文化が花開いた。

中国の文化大革命。私、文化大革命のとき、あそこにいました。墓石があぜ道にあるんです。橋じゃないけど、あぜ道に、ぽんぽんと石が置いてある。見たら、みんな墓石。それには仏教徒の名前が書いてある。朝鮮半島の北は共産党だし、南はキリスト教が半分ぐらい、戦後の李承晩もキリスト教でした。韓国の役人はキリスト教が多いですね。仏教徒はぐっと少なくなっています。そこへいくと日本の奈良はすごいです。古代からの仏教文化の姿形が、生きた姿で現代にあることでは、世界一。こういうものは「売り」なんです。文化は他にない価値としてビジネスとなります。

マーケティングの一番の真髄はディファレンシエーションじゃないですか。差別化。おれだけだよ、日本だけだよ、わが会社だけ。これがオンリーワンという。オンリーワンというのは自分だけがよけりゃいいっていう、そうじゃないと思う。やっぱり自分しかできないということだと思うんですけど。だって世界中のどこへ行ったって、文化っていうのはみんな宗教発祥になっている。日本は仏教文化。すごいです。台湾の新興宗教の偉いお坊さんの場合、全部自分のスタッフは皆、東大。東大の哲学科に入れているんです。優秀なんです。

日本の奈良へ行ったらわかります。あれが一番の仏教文化。ヨーロッパ行ったら、キリスト教といってもローマのカトリックだと思うんですけど、今やイスラムのほうが有名になっているかもしれないけど、みんな文化は強いですよ。世界遺産の、人間がつくった半分以上は宗教の遺産ですよね。だから日本はこれが最高の売りとなります。ディファレンシエーションができている。それに気がつかないんだな、日本は。日本人は自分たちが継承している文化の価値に気がついてない。

私、昨日アメリカから帰ってきたばかりですが、外国人がいっぱい来ています。たぶん、仏教文化を中心に見るんだと思います。観光だとすればですよ。これをうまく使うというのは、文化を売るというのが最大。だってほかの国にはないんだもの。これは重要だと思います。

それから、仏教文化の具現性ということが大きいと思います。あるいは日本人が長らく養ってきた風俗、習慣、こういうものを美しいと、みんな外国人が思うようになります。間違いなく。こういうものをサービスとかものに変えるというのが非常に重要だと思うんです。

「つながり」を大事に

コラボレーション。協働。一つじゃ、もうできない世の中になっているんです。じゃあ、コラボレーションって誰でも手に入れればいいかって、そうはいかない。やっぱり倫理観と価値観、これが一致しないとうまくいかないです、間違いなく。この最大のコラボレーションは結婚だね。全然異質の人間が一緒になるんだから、一緒にいたいなということは最大のコラボレーションだと思うけども、これは倫理観と価値観が合わなければ絶対うまくいかない。コラボレーションというのは重要なんだけど、ここでお互いにこれを探し合って付き合っていく必要があるし、そういう相手がいなくちゃ駄目だけど、誰でもいいというわけにはいかないということだと思うんです。

皆さんも人生とか会社の判断とか、今から偉くなられれば経営者の判断といろいろあると思うんですけど、重大判断というのは、誰か具体的に人間を、判断基準を誰かに定めるといいと思うんです。私はドラッカーと私の父親。父親は創業者なんですけども、これを基準に考えています。なぜかというと、ドラッカーの場合、合理的、学問的にしっかりしているんです。だから、この事案はドラッカーだったらどう考えるだろうということを考える。それから、うちのおやじというのは非常に人情家で、人間関係に長けているって言われたんですけども、情緒的な結婚式とか葬式なんかあるじゃないですか。そうすると、出席したり欠席だったりするときっていうのは、やっぱり情緒的な判断なんですね、合理的じゃなくて。

結婚式というのは2、3カ月前から案内が来るから予定できるけど、葬式というのは今日来て今日だから、そうすると誰が出るかっていうのは難しいんだ。葬式なんか、もう終わっちゃったことだ。あの人ともう付き合わないからいいよっていうことなんだけど、周りの人はみんな見ています。あれだけ世話になって、どうしてあいつが出てこないんだ。そうすると情緒的な話なんだ。合理的な話じゃなく。おやじだったらこうするっていうのを思うんです。この2つを駆使しているんですよね。だからこれが上手な人が、世の中の付き合いが上手だと思います。

これはさっきベッツィ・サンダースの話にもあったけど、人と人との付き合いが一番に出ているからね。だからこういうのは非常に大事だと思うんですよ。皆さんもそういう人をつくったほうがいいと思います。長沢先生かもしれないし、そうじゃないかもしれないけど、つくったほうがいいと思います。だけど、ドラッカーもおやじも2人とももう世にいない。便利ですよね。ノーだって言わないから（笑）。イエス、みんなイエス。これは便利ですよ。それで自分の力になるものをイエスと言っているんだよという。死んだ人が一番いいですね（笑）。だからそういうのを使って判断をしていくというのは、非常に重要だと思います。これから経験を積むことが大切だと思います。

「アドベンチャー精神」を発揮せよ

それから、今からは今までよりも厳しい。われわれのときも厳しいと言っていたんですよ。「皆さんの時代、これから厳しい」と。同じことなんだけど、今、考えてみると、皆さんのほうが厳しいかもしれない。われわれのときはデフレじゃなかったから、まだ。こういう厳しい時代を乗り切ることっていうのは、勉強と経験の積み重ねだと思うんです。だからこれを怠りなくやってもらいたい。皆さん、20歳前後の学生じゃないけど、一番勉強できるときは大学だと思うんですね。

われわれみたいにこういうふうにやった、こういうふうにやった、こういうふうにやった、10回やったら9回はこうだったという話を聞いておいたほうが、僕は合理的だと思う。

最後に、日本の話題というのはほとんど今、世界で出てきません。「読売」とか「日経」のインターネットのニュースを契約して、日本の新聞を見ている。そこを見ないと日本の話題はないんです、ニュースに。そういう世界から忘れられた国みたいなところですけど、皆さんがかつての日本、80年代の輝いていた日本ぐらいのところを、そう簡単じゃないと思う、できないかもしれないと思うんだけど、そういう目標に向かってやることが必要じゃないかなと思います。

そういうことで、アドベンチャー精神、これはぜひ発揮していただきたい。今の若い人たちはもう本当にこういうことは絶対嫌いってみんな言うんだけれども、がんばれって言うと嫌い。昔、言ったことはほとんどみんな嫌い。だから言えないんですけども、やっぱりそういう時代を経験したことがある。食うや食わずで栄養失調になってどんどん倒れていくっていうのも私は見ているし、戦争中での焼夷弾を投下されて、小学校で防空ずきんの前の人、後ろの背中、火の粉をはたき落としながら逃げたこともある。そういういろんな経験をした。皆さん経験はもちろんないでしょうけど、ないほうがいいけど、そういう経験もしたっていう話は重要だ。

今や何が起こるかわからないです。合理的に考えれば、日本に49の活火山があって、世界の活火山のうちの1割がここに、しかも九州と東に集まっているといえば、いつ山から石が降ってくるかわからない。だからやっぱりそういうものは、経験があれば逃げられた人も随分あったと思うんだけど、初めての人は、それはしょっちゅう経験する人はないと思うんですけど、逃げられないですよね。ですから勉強と経験は積んだほうがいいんじゃないかと、一生懸命、心して。そうすればわれわれの期待に応えられる皆さんだと思いますので、しっかりやっていただければいいかなと思います。

時間を全然見ないでお話ししたので、予定をだいぶ過ぎちゃったようですが、以上です。

（拍手）

質疑応答

【司会（染谷）】　大丈夫です。ありがとうございます。いい機会なんで質問を。どうぞ。もし差し障りなかったら自己紹介っていうか、今、どんなことをやっているかも含めて紹介してください。
【小仲会長】　この前、生産性本部の講演会でお話ししたんですよ。社長とか専務ばかりだったんです。質問って言ったときに、「お線香はあと何年ぐらい続きますかね」と、こう来たんだよな（笑）。「私は使わないんですけど」って、わざわざそんな人を指すことないんですね。僕はかなり頭に来たから、「私のところは続くと思って一生懸命やってますけど、あなたの会社はいかがですかと、それを聞きたい」と言ったの。そうしたら、次の質問しなかったけど。そんなのわからないよ。どこの会社だっていつつぶれるか。事故みたいなものはいつ起こるかわからないもの。

【司会（染谷）】 どうですか。

【質問者1（坂東）】 本日はありがとうございます。坂東と申します。長沢ゼミに所属しています。今、ウェブサイトのほうを拝見していたんですけど、売上の構成比というのは、国内と海外、何%、何%ぐらいですか。

【小仲会長】 7：3ぐらいじゃないですか。子会社も引っくるめて、トータルで。従業員は半々ぐらい。人種は、日本人が半分、外国人が半分。ベトナムの工場は大きいですがね。

【質問者1（坂東）】 生産もですか。

【小仲会長】 生産もある。販売拠点というのはそんなに人数要らないんですけど、生産拠点はかなりありますね。

【質問者1（坂東）】 青雲とかはそちらで作っているのですか。

【小仲会長】 日本でつくっています。ここは難しいですよね。日本から向こうへ移すというと、日本はもうなくなっちゃう。だけど、日本がないと何かのときに大変ですね。僕は中国は文革のときから行っていて、生活しているのでわかってるんだけど、むやみに信用してはいけませんね。それは経験値で言っているんです。彼らはお金のため、さっきから何回も確認しているんですけど、マーケティングというのは利益を上げるために、極端にいえばそうなっていると思うんだけど、それを極論まで達したのが中国ですよね。唯一無二の価値観は金です。そうすると、日本人にもそういう人なら合うかもしれないけれども、外国っていうのはそういう意味ではなかなか難しいし、日本がじゃあ、感性マーケティングの差別化された高いものが日本は売れる市場か。今、違います。中国ですよ。

私どもの20万円のお線香（写真7）は、1束ですよ、1束20万円の線香は日本では全然売れませんけど、中国では生産が足りないぐらい。100束といっても何千万。

【司会（染谷）】 2000万。

【小仲会長】 そのぐらい売れます。生産が足りない。だけど日本で売るから生産足りないんじゃなくて。彼らはお線香をわかっているじゃないですか。上等なものというのはわかっているから、差別化されたちゃんと本物があれば、彼らは買います。だけど、あれは自分で使うんじゃない。ギフトだと思います。ブリックスというのは何の頭文字なんです

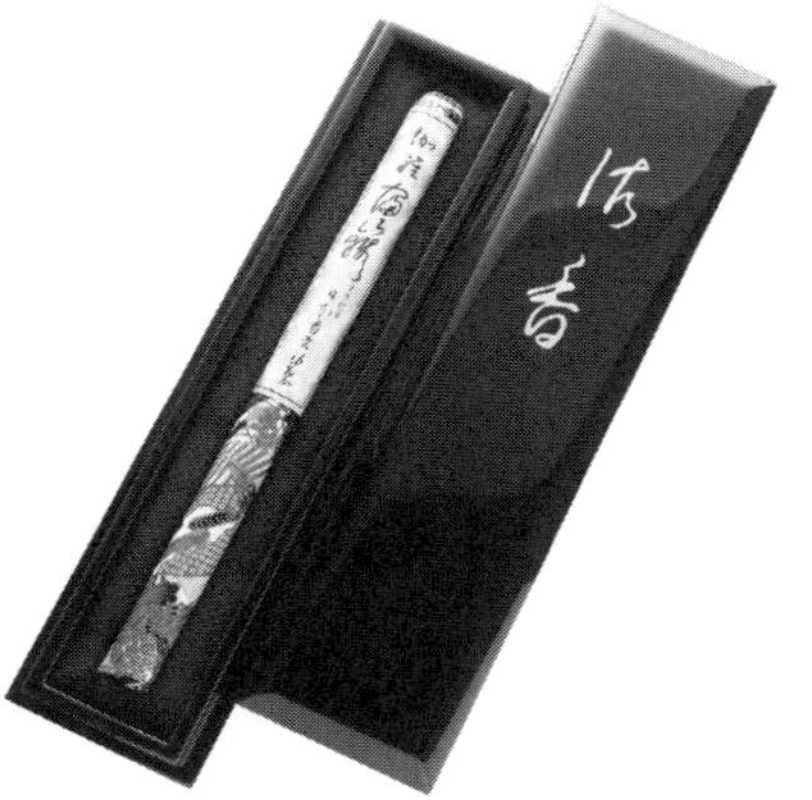

写真7　最高級品の伽羅富嶽《きゃらふがく》は20万円（税別）

か。あれ、賄賂の多い順番に並んでいるんじゃないですか（笑）。全部そう。

【司会（染谷）】　ブラジル、ロシア、インド、中国。

【小仲会長】　だから、こういう観念が違うんですよ。金が回ってれば問題ないんです、金額大きくても。順番です。ブラジルでしょう。ロシア、大きいでしょう。インドはちょっと多いけど、このランクに入るかどうかわからないけども、チャイナ。チャイナも多いですよ。お線香屋さん、メーカーが5000人ぐらい使っているんです。そこの入口にはずらっとお土産が置いてあります。来たらすぐあげる。こんなのはほとんど賄賂のうちに入らないぐらいですけど。置いておいたって。

だって、何百億とかそんなような金、みんな中国の偉い人はアメリカにためているんだもの。この賄賂を絶対に認めないみたいな潔癖性っていうのが日本人にあるから、日本は発展しにくい（笑）。

日本の最大の問題は、人口減ですね。これを討論しないといけません。だってマーケティングしたって、数が減っちゃったら売れるわけがないもの。一番早いのは人口を増やすことですよ。だけど増えないでしょう。そこで移民ということになるんだけれども、日本人というのはそれを文化的に、文化の問題っていうのがあって、受け入れる素地があるのかなと思うんです。僕は7月に引っ越したんです。

【質問者1（坂東）】　どちらに。

【小仲会長】　自宅を。300メートルか400メートル離れたところに。近くにブラジル人を中心に外国人が勉強するための寮があって大勢住んでいます。引っ越した最初の日に言われたの。「ここは外国人が多いから、気をつけたほうがいいですよ」、「どうしてですか?」、「ここ、夜中の2時、3時でも素っ裸でぱーんと走り回ったりしますから」。こういうのは全然受け入れられないのね、日本人は。日本はそこをまずは乗り越えないと。

だってフランスだって、アメリカもそうだろうけど、本当の純粋な国をつくった種族、アメリカは白人がつくったとはいえないけど、要するにその人種は減っているんだから。CIAなんかに言わせれば、問題の発生源だから、異人種を入れるのは駄目っていう、それも正論だろうけど、一方ではそれでも入れなくちゃならないということがあると思うんです。日本もすごく難しい国だけど、外国人も住みづらいと思うよ、僕は。だけど入れないとならないと思いますよ。だいたい、国っていうのは何で構成されているんですか。国民と領土でしょう。国民は減っているわけです。領土は危ないんですよ。どんどん減っている。

そういうふうになって、構成する2大要素が減っていく。減っていくと最後に行き着くのはゼロじゃないですか。国がなくなるということは。そういう危機だっていうことを、もう少し考えないといけないと思います。緊急でも何でもやったほうがいいと思う。議論している余裕はない。それは問題起こりますよ。みんなでよく理解し合って解決するということが大事じゃないんですかね。そのうちに移民になりたいっていう人がいなくなる、日本は。これだけ借金が多いから、何だか国籍をここへ移した途端に借金抱えさせられるじゃないですか。ノーサンキューだよ。

日本人はすぐイエス・オア・ノー、白か黒か。そんなのはちょっと答えられない。答えられないとは何事だって揉める。だいたい、日本人というのは単純。ヨーロッパ人は複雑。長沢先生はヨーロッパの研究をして、私は随分アメリカのマーケティングをやってきたんですけれども、小さくても利益が上がる。それはもう差別化ですよね。それしかない。差別化の究極はオンリーワンということになります。

だけど、そのときにあまり日本人みたいにスカッと分けちゃっていると、そのやり方もうまくいかないと思うんですね。複眼思考はどうしても必要だと思うんです。

【司会（染谷）】 ほかはどうですか。

【質問者2（西谷）】 ご講演、どうもありがとうございます。西谷と申します。うちも青雲を使わせていただいています。今日のお話で出た、テレビコマーシャルで、音楽やメッセージソングを作られたりしていますが、ああいったものは貴社で全部やられたんですか。それとも当時、外部の意見を取り入れて、そういったものが流れたんでしょうか。

【小仲会長】 やっぱりCMは、どこの会社も広告代理店か制作会社っていうのを使うと思うんですけど、自社でももちろんやりますけれども、たとえば建築なんかするときは、いろんなアイデアは施主が出すけれども、建築して線を引いて、実際工事するのはプロじゃないですか。自社じゃない。それと同じだと思います。こんなのをつくりたいなとか、こんな考え方で行きたいなというのは、自社で出すと思います。営業の意見というのは非常にどこでも強いので、おまえ、こんなのつくったって全然売れないよと、こう営業のほうで来たら、そのコマーシャルは一巻の終わりですよね。

そうかといって、営業が売れ売れってそればかり言って、名前言ってくれなんていったら、消費者のほうは嫌になっちゃって、そこらへんはどこの会社も同じです。考え方からいって、コマーシャルの話になると、「強く生きよう、青雲」って、生きている人間の応援歌にしようじゃないかということがコンセプトにありました。

今までは先祖に対してどうこうとこういうんだったんだけど、先祖じゃないよと。自分自身だよというんで、今日もこうやってお線香を立てて、朝、晩。朝だけという人もいるけど、なるべくわれわれとしては、朝、晩という話だから、そういうふうにしてやってもらうと、心の満足感というのがあるじゃないですか。そういうふうにして使うっていうのは自分のため、今日無事にみんな家族が帰ってきた。感謝でまた明日もよろしくっていって拝むとか、そういうことで回数を増やそうとしたんですよね。現世の利益ですよ。来世とか、前の時代じゃなくて。それでやったんです。それが結構当たって。母親と子どもっていうのは多いんです。だけど青雲は男の路線なんです。男の子と父親。そういうのでかなり珍しかった。で、「強く生きよう」と。

何十年も経ってからなんですけど、一番ヒットしたのが実は震災の時なんです。コマーシャル、全部みんな自主的に取り下げたんです。お金を払っているんだけど、こんな人がいっぱい死んでいるのに、おれのところ買えよみたいな広告はできないっていうことで、みんなやめた。それで、ACという広告主協会のCMばかりが出ていたんです。だけど面白くないじゃないですか。毎回それればかりしか出ない。何とか自社の広告出したいというのがあるけど、出したらマイナスなんです。広告はマイナスを拾ったら最悪ですから。負けたと同じだから、マイナスは拾いたくない。だから誰かがやらないのって見ていたときに、被災地から青雲のコマーシャルやってくれと。「強く生きよう、青雲」。あの歌がいいよ。みんなに言われた。

何十年も経って、だんだんだんだんそういうオープンになってきたんだけれども、何の問題もなくなった。幼稚園の子どもでも何でも青雲のお兄ちゃんとか、何とかって、セールスなんか行ってもみんな青雲の歌を歌ってやってくれるとか、歌もだからいいですよね。広告の場合、動物と赤ちゃんですね。これが絶対いいですね。だけどうちは全部反対行った。男路線。だからあまりないコマーシャルだったと思う。

2013年秋に青雲の連凧の凧揚げ大会。ネットで募集して、無料です。向こうへ行ったら、富士山の下、みんな体育館で連凧を作って、それから揚げたんです。まだ1回目ですけど、全国大会に広げて、地方に何とか富士ってどこにでもあるじゃないですか。地方大会をやって優勝した方々を、本当の静岡県の富士山でやろうっていうイベントです。社会貢献というか、儲けようじゃない。ドラッカーの言っていることなんですけど、社会に貢献すると。冗談じゃないよ、金出して社会に貢献して、おれたち金なくなっちゃうじゃないと、こういう考えはもう古いということ。

それで、あの会社は信用があると。いろんな事件や事故もあるし、だけどあの会社はこうやってきたんだから、本当にまじめな会社、たまたま今回のは間違いだよとか、そういう応援団がいるわけです。そういう会社には。そういう人たちが付いてないと、社会貢献とかそういうものを中心に置いてないと、人間は寿命があるけど会社は永遠に続かなくちゃならないなんていっても、続かないですよ。絶対。

だから社会貢献ということを頭に入れておいたほうがいいと思います。社会貢献は金にならないけれど。非営利会社的考え方をお持ちになったほうがよいと。それはドラッカーが30年近く前に提唱しているから。日本人もそろそろわかる時期じゃないかと。

【司会（染谷）】　はい。よろしいですか。

【質問者2（西谷）】　はい、ありがとうございました。

【質問者3（岡本）】　すみません、一つだけ。本日はありがとうございます。岡本と申します。私、実際に今、ファミリー企業を2年前に継いで、サラリーマンを辞めて実家に帰って経営しております。そんなに大きくない会社なんですけど、実際に人を雇用しておりまして、一番難しいのは収益を上げることよりも、人が辞めてしまったとき、雇用しなければいけないとか、辞めさせないためにどういう工夫をしていくっていうこと、人のマネジメントみたいのが一番難しいなと感じています。そこで、会長が今までマネジメントをしていくなかで、従業員の方々に対して一番気を使っていたところとか、そういうのをお教えいただければ。

【小仲会長】　やっぱり社長とか、社長のご子息とかそういう立場だと、人の見方は普通の従業員とは違う。会社の中でも違うんですよね。長年の経験からいくと、普通に話しても目線が上からなんですよね。どうしても。

たとえばベトナムなんかに行って、結構ベトナム人、勉強しているからね。文盲率も4％

近い。日本とほとんど同じなんですけど。そういう中から外国企業は優秀な人材を入れてくるじゃないですか。目もいいんで、眼鏡かけている工員が100人に1人いるか、いないかぐらいですよね。そういう連中と話すときに、目線を同じにしないと、どうしても日本人は威張っている、おまえに金払ってやっているんだということ。おれの給料はおまえの100倍もあるんだと、こういうことですよね。そうすると、向こうももちろんそれは知っているんで、目線を同じにしないと。トヨタやなんかはみんな立って作業させているんだけど、うちは座って作業しています。能力にいろいろ差があるわけですよ。ベルトでそのまま流すと、こぼれ落ちる人もいっぱい。だけどうちは座っていたりなんかして、僕なんかこうやって一緒に横、同じ目の高さでいろいろ話す。

あそこだと4000年の歴史持っているかな。それで文化もあるわけでしょう。日本は僕が小学校のころ2600年とかいって、神話の世界だけど2600年だったわけだ、あのころ。彼らの歴史が古いんです。みんなそういう人たちを同じ目で見て人格を認めないと、彼らは人格を認めたときに、初めてあなたに忠誠を誓いますというタイプなんですよ。日本人同士でも使用人と非使用人という感じになっちゃうのが一番危ないので、やっぱり同じ目で、あなたの家庭はどうなっている、お母さんどうしてる、そんなのだったらみんな、こういう文化習慣を持っているんだろうねとかいう、人数が少ないならかなりできると思うんですけど、おれのところもこうなんだけどもとかいろいろ話し合って、たまには相談に乗るとか、そういう細かい作業が必要じゃないんですか。

たぶん小さい企業なら自分自身がいろんな人と接触する場面も多いけど、ベッツィ・サンダースの言うように、本当を言えば下の人間のほうが顧客と接する場面が普通は多いわけで、そういう人たちを丁寧に大事にして、コミュニケーションを取って教育もするという、そういう心遣いが必要なんだろうと思います。

というのは、自分はそうじゃないと言っても、相手はそう思っているから。目下というので、上からの目線で見ている。僕は入ったときに、工場担当の製造部長だった。もう連日だ。こんなビール瓶をぱーんと割って凶器にしたり、包丁持ってきて肩口にかざして、脅迫めいたことを言ってくる。僕は「なんなら、おれを刺してみろ」と。そのとき、怒って逃げるとか、何か怖くて逃げるとか、そういう態度をしたら駄目なんです。できるならやってみろと。だいたい、気が小さいやつしかそんなことをやらないから。そうするとこの人は信頼できるなと。それから全然反発しなくなった。

だから、同じ目線に立って相手のこともよく理解して、尊敬というかな、それが必要だと思うんです。働いている人の家族っていうの、今さっき言った歴史を見れば、その家もいろいろ歴史があってそこになっていると思うんですけど、そういうのを聞いてあげながら、ああそう、それじゃこうやったほうがいいって、そういう人と人が一番大事だと思う。お金、プロフィットが一番最後になっておりますが、給料が高く上がればここにいるって、必ずしもそうじゃないんですよね。安い給料でもずっと生涯働いているところもあるし、だからそういう態度っていうのは忘れないようにしたほうがいいのかなと。

【質問者3（岡本）】 はい。ありがとうございます。

【小仲会長】 人間関係、こうやれば絶対なんて、給料高く払えば、ほかより倍払えばいるかもしれないけど、そういう関係はいつでも給料高いところがほかに出ればすぐ移っちゃうから、それは駄目です。その方法は。やっぱり一対一でよく理解し合って、さっきの共通の倫理観と共通の価値観ってあったじゃないですか。従業員はパートナーだからね。従業員がいなかったら成り立たないんだから。だから従業員のおかげぐらいに思って、細かいコミュニケーションは可能なんですから、そういうことに努力、結構面倒くさいけどね。やっぱり経営者は大変ですから、面倒くさいこともいとわずにおやりになったほうがいいんじゃないでしょうか。

【質問者3（岡本）】 はい。ありがとうございます。

【司会（染谷）】 ではよろしいでしょうか。本当に今日はどうもありがとうございました。最後に皆さん、拍手で。（拍手）

2

壹番館洋服店
——銀座の会社の商い

ゲスト講師：株式会社壹番館洋服店　代表取締役社長　渡辺　新氏
開催形態：「感性マーケティング論（株式会社アルビオン提携講座）」〈第3回〉
日　時：2015年10月5日
会　場：早稲田大学早稲田キャンパス11号館
対　象：WBS受講生
音声起こし：松本章宏（WBS長沢ゼミ生）

壹番館洋服店

（沿革）

1930年　渡邊實により壹番館洋服店創立。

1946年　日本織維輸入組合加盟。
　　　　壹番館がテーラーとして唯一の生地直輸入の権利を取得。

1954年　渡邊實の尽力により銀座百店会創立。同時に壹番館加盟。

1958年　渡邊實、世界ファッション視察旅行。

1959年　渡邊明治、英国修行へ。（1963年帰国）

1964年　壹番館本店ビル落成。

1971年　オースチン・ロンドンタクシーを英国より輸入。
　　　　車内にアイロンや修理器具を備え、釦付けや小修理がその場でできる壹番館サービス車として活躍。

1977年　渡邊實会長、渡邊明治社長就任。

1981年　渡邊實会長、英国王室より繊維業界最高の勲章「ラムゴールデンベール」を日本人で初の受賞。マーガレット王女に謁見を賜る。

2003年　銀座本店リニューアルオープン。

渡辺《わたなべ》　新《しん》　略歴

1966年東京生まれ。壹番館洋服店 代表取締役社長。慶應義塾大学卒業後、イギリスでカッティングを、イタリアでデザインを学ぶ。94年に壹番館洋服店入社。97年代表取締役就任。著書『銀座・資本論―21世紀の幸福な「商売」とはなにか？』（講談社＋α新書）

【司会（長沢）】　今日は、銀座5丁目と6丁目の間の御幸通りと外堀通りの交差点にあります壹番館洋服店の渡辺新社長をお迎えしております。

いわゆるテーラーですが、専門的にはビスポークと申します。私の「ラグジュアリーブランディング論」を履修している人はわかるでしょうが、履修していない人は何のことだかわかりませんね。女性の洋服でオートクチュールってありますよね。オートクチュールというと女性の服ですが、ビスポークというと紳士物の服あるいは靴を指します。また、オートクチュールというとフランスですよね。これに対して、ビスポークと言ったらイタリアとイギリスになります。ですので、紳士物の服あるいは靴で、イタリア・イギリス志向ですね。ビスポークというのは「ビー・スポークン」、すなわちお客様と対話しながら誂《あつら》えるというのが語源になっております。そういうビジネスです。ご興味があったら、ご自身で誂えて仕立ててください。まぁたぶん、70～80万円くらいするんじゃないかと思っておりますが。

【渡辺】　そんなにしないですよー（笑）。

【司会（長沢）】　渡辺社長は弁と筆も立ちまして、銀座の商いは「丁寧で小まめで濃い商い」であるべしという独特の見解をお持ちでして、『銀座・資本論―21世紀の幸福な「商売」

とはなにか?』（講談社＋α新書）という本を出されています。今日のご講演の後半は銀座のビジネスというところに話題がいくと思っております。それではさっそく渡辺社長、よろしくお願いいたします。

ビスポーク

【渡辺】 なんか大変申し訳ないなぁって思います。どうしてかというと、ここはビジネススクールですよね。さっき先生に触れていただいたのが、この『銀座・資本論』というふざけた本なんです。この本の内容は、「ビジネスじゃないよね、商いだよね」っていう本なので、ビジネススクールの方に商いの話をさせていただいてよいものかと思います。けれども、まぁ反対側の世界ということで聞いていただければよろしいのではないかと思います。

私は今、先生にご紹介いただいたように仕立屋です。話に出た単語「ビスポーク」、BESPOKEN、つまり話し合いながら作っていきましょうということです。けれども、それ専門でやっているところが本当に少なくなっちゃって、これくらいの規模でやっているのが実質、うちだけになっちゃいました。フルオーダー、われわれの間ではビスポーク・テイラーとかフルオーダー・テイラーというのですが、それをもともとやっておられたお店も、みなさん抱き合わせの、まぁいわゆるハイブリッドというか、パターンオーダーと併用になっちゃってですね、フルオーダー一本でやっているところはほぼうちくらいになってしまいました。なので、もう業界でもないですし、ただ一つの変わったお店の経営者というよりは、ただの仕立屋の親父の話として聞いていただければ幸いです。本日、資料を2枚お配りさせていただきました（注：掲載省略）。「壹番館」っていうほうが今からお話をする項目のメモで、もう一つの『三田評論』のほうは、早稲田で『三田評論』というのもちょっと申し訳ないんですけれども（注：早慶はライバル校同士）、『三田評論』にこの本を取り上げていただいた時の書評です。本の売り込みを書けというので、いったいこの本の中に何が書いてあるのかというのをこちらの『三田評論』の書評というところに書きましたので、あとで目を通していただければと思います。

まずはこの「壹番館」というほうのメモに基づいて説明させていただきます。

壹番館洋服店の歴史

もともとうちの祖父《じい》さんは、長野の善光寺でして、そこで呉服屋を代々やっておりました。金融業もやっておりました。呉服と金融って実はセットなんですよ。要は、反物は着物になるまでものすごい長い時間寝ますので、その間の資金の手当ということで呉服業と金融ってわりと昔からセットなんですね。ですから、京都には金融の会社がものすごく多いんです。うちも、その両方をやっておりました。うちの曾祖父《ひいじい》さんが大そうな事業をやっていたそうなんですけれども、友達の事業の信用保証をしたらそちらが倒産して一夜にして全部失って、祖父は東京に出てこざるを得なかったという、まことに悲しいストーリーから弊社の歴史は始まっております。

最初は横浜に行ったんです。そのころの日本は、海外の情報って、横浜か神戸に船で入ってくるんですね。そこで何を見たかというと、これ（写真1）を見たんですね、ウィンドーに飾ってある、これ「フロックコート」っていいます。コートっていう名前ですけれども、今のコートとはちょっと違うんですね。これが今の上着に相当するんですね。この下は

写真1　フロックコート

チョッキしか着てないんです、昔は。後ろがガバーッと割れています。何でそんな割れているのかと申しますと、馬に乗るじゃないですか、ですから鞍を跨いだときに、バサッと割れるようになっているわけです。これを横浜でうちの祖父さんが見まして、なんかビビっときてしまったんでしょうね、これをやろうって思ったのです。赤坂で親戚が上原洋服店という洋服屋をやっていましたので、そこに転がり込むんですね。

しばらくそこを手伝っていろいろなことを学んで、昭和5年、1930年に銀座で開業するわけですね、今の場所です。まぁちょっと大変な時期ですよね。というのも

写真２　燕尾服

前年の１９２９年が大恐慌じゃないですか。そのあとすぐ、よくもそんな大変な時期に立ち上げたなと思うわけですけれども、まぁ負けん気が強かったのです。絵が好きで生涯、達磨《だるま》を書き続けていましたし、まぁ不撓《ふとう》なんて言葉をしょっちゅう言っていましたけれども、そういう気質が出たんだと思います。これ（写真２）が燕尾服です。今、宮中でもほとんど着る機会はないですよね。勲一等や宮中晩餐会の時に着用するくらいで、ほぼないんです。こういう燕尾服とかモーニングとか、先ほど出たフロックコートなんていうのは、今ほとんど仕立てることができるところがなくなってしまって、それがうちの強みの一つ

写真3　創業者 渡邊實

となっております。さすがにこういうものはさっき長沢先生がおっしゃったように80万円くらいするんです。普通のスーツはだいたい30万円スタートくらいですね。

これ（写真3）が創業者の渡邊實です。これ（写真4）が戦前の弊社です。こんな感じだったんですね。今の銀座と全然違うんですね。ビルが建ってないですから。和光くらいしかなかったのですね。全部二階建てですよ、そのころの銀座っていうのは。うちも1階がお店。2階が住居と工場みたいな感じだったんですね。銀座は皆住んでいたんですよ。今、「久兵衛」さんという有名なお寿司屋さんがありますでしょ？　隣の「やす幸」さんというおでん

写真４　戦前の壹番館洋服店

写真５　渡邊實会長、英国で表彰される

屋さんでご飯がなくなったりすると「久兵衛さんに行って、ご飯を借りといでー」みたいに、お店同士でご飯のやりとりをしていたみたいです。そういう朗らかな時代だったわけですよね。

それが戦争で全部焼けてしまいました。完全に銀座は焼け野原になりますから、そこから建て直していって、東京オリンピックの前後くらいに銀座が全部、木造二階建てからビルに変わるんですね。そこで銀座が大きく変わりました。

これ（写真5）は英国で表彰された時の写真です。どうしてかっていうと、長年イギリスから生地を買っていますからね。そういった意味で表彰されています。英国の商売、特にヨーロッパの商売は、お金を積んだから売ってくれるというわけではなくて、何十年取引しているかのほうが大事で、そうじゃないと出してくれない商品があるというように、非常に面白いんです。うちは85年になりますけれども、ずーっと英国の織元から直で品物を買わせていただいておりますので、いろいろ太いつながりができているということですね。

生地

これ（写真6）は、店の中の生地のストックの一部なんですけれども、5000着あるわけです。生地屋でもこんなにないんですよ。よく生地が何千着ありますとかいうのが雑誌に出ていますけれども、たいていがこういう小さい生地見本での何千着で、現物で5000着も持っているのは世界中どこにもないと思います。

スーツだと3m使うんですね。幅が150cmですよ、洋服の生地って。それを半分に折って、くるくるくるって巻いて、それが3m。上着だと2m。通常はイタリアで50m、英国で60mっていう長さが1反っていう長さになるんですね。だから60m縦糸を張って、そこにがちゃがちゃがちゃがちゃ横糸をぶつけていくわけですね。それを問屋さんが買うわけですよ。まぁ最初、商社が買うんですけれど、各問屋さんにばらして、それを問屋さんが3mずつもしくは2mずつ、ジャバジャバ切って、それで小売りに卸していくということです。1反でスーツが約20着ですね、上着ですと30着取れるんです。うちは、これをまるごと1反買っちゃうんですね、織元から。ですので、価格的にも優位ですし、オリジナリ

写真6　生地のストック

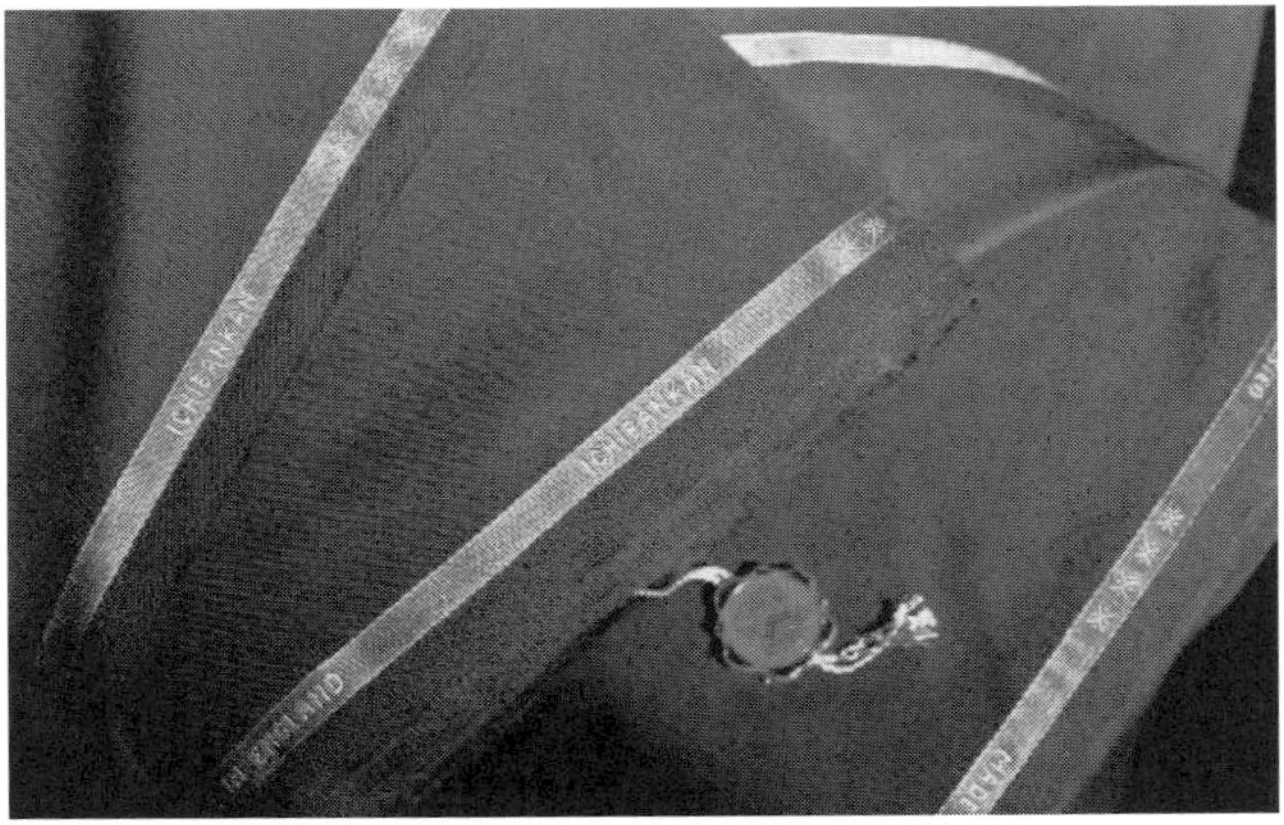

写真7　壹番館オリジナルのビキューナ

ティも出せるというのもうちの特色になっているのではないかなと思います。

これ（写真7）なんかは、うちのオリジナルのビキューナ（アルパカの仲間、ラクダ科動物の獣毛）ですね、まぁこれは紳士服として今一番高い生地ですので、これだとコートでだいたい350万円くらいしちゃうんじゃないかな。うるさいんですよ、なかなか。ワシントン条約（CITES）で流通が制限されていますので、その許可を取るだけで1ヵ月くらい掛かっちゃって、なかなか入ってこないんですよ。まぁこういうのもやっていますよと。

フルオーダーのプロセス

まぁ生地の話はそれくらいにさせていただいて、普段私が何をやっておるかというと、目の前に鋏《はさみ》が置いてありますように（写真8）、切っているわけですね。裁断師なんです。カッターといいまして、俗にいう職人ですね。まぁ寿司屋の親父と一緒ですよ。寿司屋っていうのは社長さんも実際に握っているわけですよね。それと全く一緒で、私も名刺には

写真8　鋏を前にする渡辺新社長

社長なんて書いてありますけれども実際は仕立屋の親父で、毎日裁断しているということなんです。なかなか切るのも難しくて大変なんです。こうやって（写真9）生地に一着ずつ直接チョークで線を引くんですよね。それをこう縫い代をつけて、ジョキジョキ切っていきます。こういう感じですね。まぁこういう昔ながらの道具を使ってやるわけです。

これ（写真10）が仮縫いというプロセスですね。切った後、生地を組み上げるわけですよね。組んでお客様に着ていただくということなんです。われわれの仮縫いがよそと違うのは、お客様に着ていただいた後から袖をくっつけるっていうことです。こ

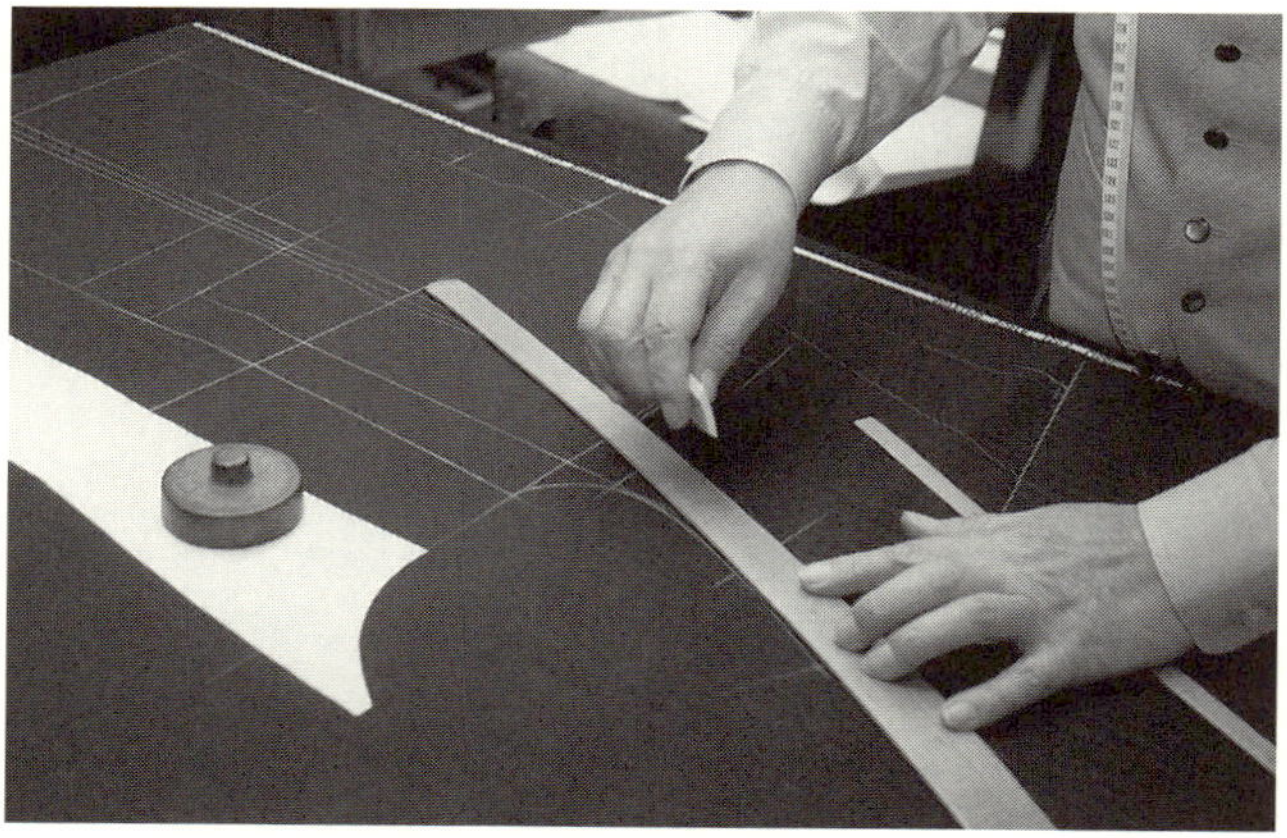

写真9　裁断

写真10　仮縫い

れ、付いていますけれどね、写真だと。でも実際は、仮縫いでは袖をあとから付けるんです。そうでないと、袖振りの幅とか深さがわからないんです。だいたい三人がかりでお客さんに対応させていただきますので、非常に漏れが少ないっていうことですね。

仮縫いが終わった後は何をするかといいますと、一度ばらすんです。ばらして真っ平にしまして、それを補正っていうんですね。補正って何をしているかっていいますと、仮縫いで修正箇所が出ますので、それを線を引き直しているわけです。設計図を引き直すということです。

その後、縫製に入っていくわけです。こうやって（写真11）手でチクチクチクチク縫うわけです。テーラードであるとどこでわかるかといいますと、この襟の後ろ側を触っていただくと、ブツブツブツブツするんですよね。ここをすくい縫いをしているわけでして、ここにも何万というステッチが入っているんですよ。なんでそんなことするのかっていうと、普通のスーツは接着芯なんですね。全部にこう糊《のり》が付いていて、ガチャンと合わせて熱で溶かして接着するんです。要は、接着芯の服はその美しさのピークが出来上がったときにあるわけですよね、接着芯ですと。こうやって毛芯《けじん》で手刺しでやりますと、洗っても洗っても、クリーニングしてもクリーニングしても、この膨らみ、洋服のボリューム、カー

写真11　縫製（毛芯の手刺し）

ブ、そういったものが落ちないんですよね。もう一回プレスすればすぐ戻りますので。ですからそこが接着芯でつくるものと、こうやって毛芯で手縫いでつくるものとまったく違うんです。

これ（写真12）は何かといいますと、ボタンホールなんです。ボタンホールって、たいてい機械縫いなんですよね。たいていというよりもほぼ１００％機械縫いなんです。手縫いのボタンホールってどこでわかるかっていうと、ボタンホールをひっくり返してもらうとですね、後ろ側が不揃いになっているわけです。これ機械でやりますとミシンですから垂直に糸が入っていくので表も裏も同じになるんですけれども、手

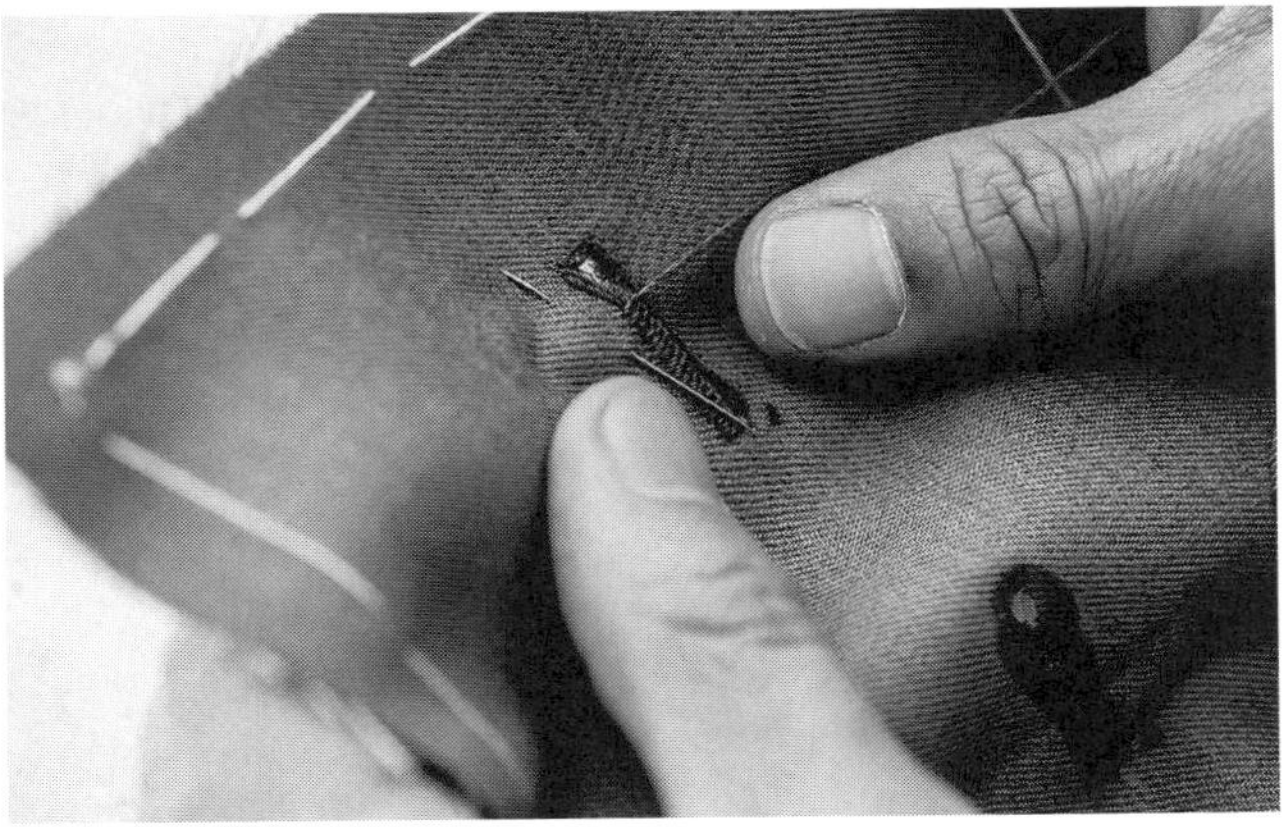

写真12　ボタンホールの手縫い

縫いのボタンホールって、裏返すとちょっといびつになっています。でも機械縫いにはないしなやかさがあるんですよ。このボタンの下に足が付いていますよね。ここをまた、ボンボンボンボン刺しますので、最後の一本で止まりますし、ちょっと浮いているから、ボタンを掛けたときにもかけやすいということなのです。ボタン付けからして違います。

これ（写真13）はズボンなんですけれど、やたら曲がっているじゃないのと思うかもしれないですね。人間の体ってもちろん直線は一個もないわけですから、アイロンでガンガンガンガン曲げるんですよね、テーラードって。これは、ふくらはぎに合わせ

写真13　アイロン作業による布地の矯正作業

てガーッとカーブを付けているわけです。だから穿くと、真っ直ぐに見えるわけですけれど。こうやって平らに置くと、とんでもない形をしているわけです。もちろん上着もそうですし、この袖もそうとう曲げているんですよね。

とにかく一言でいって既製服とオーダーとどこが違うのってカーブが違う。カーブが違うっていうのはボリュームが違う。こういう曲面の美しさっていうのをオーダーは追い求めている。そんなの興味ないよっていうことだったら、全くオーダーでつくる意味がないということになります。オーダーを作られるのなら、ここらへんの曲線を楽しまれると俄然面白さが出てくるのではないかなと思います。

今ずーっとお話ししたこのプロセスを「オーダープロセス」といっておりますが、最初にわれわれの品物がどうやって作られているのかを話したほうが理解しやすいんじゃないかと思ってお話ししました。

ベンチビルド

われわれのやっているようなものは、ベンチビルドっていうんです。ベンチビルドって何か？　といいますと、ライン生産ではないということなんですね。ラインでざーっと流しますと、とてつもなく習熟してくるわけですよ。縫製工場で袖を付けている人は一日中袖を付けているわけですから、ものすごくうまくなっちゃうんですよ。一日何百何千も縫えば、そりゃ一週間も付ければ右袖を縫う達人になるわけです。われわれはベンチビルドですから、レーシングカーの作り方と全く一緒なんですよね。自動車ってラインで流すじゃないですか、全部。ラインで生産は進んでいきますし、それはテーラーの洋服の作り方の分業制度から編み出したといわれています。レーシングカーの作り方は、それとは全く違うわけですよね。ドンッて一台置いて、そこに寄ってたかって一台を作っていくわけじゃないですか。

われわれは、「丸縫い」というんですね。職人が上着は一人一着縫っちゃうわけです。だからその人の作品になるわけですね。製品ではないんですよね。だっておかしいじゃないですか。彫刻だって共同で作らないじゃないですか。ロダンが最初から自分で削るはずなんですよ、最後まで。ジャコメッティもそうじゃないですか。みんなでラインで作りましたっていったら、そりゃ美術作品にならなくなっちゃうんです。そこらへん価値あるものを作ろうと思うと、どうしてもそういう作り方になっていっちゃいますよ。

ぶっちゃけ、2着で8万円っていうスーツも、一着80万円のどこそこのブランドのスーツも全部、ラインで作っています。丸縫いなんかで作っているところは一社もないんですよ。違うのは生地の質だけです。これは、プレタもいろいろありますよね。安いプレタから高級プレタまでありますし。オーダーもですね、イージーオーダーもあればパターンオーダーもあるわけですよ。でも多少のラインの組み方は違いますけれど、全部ライン生産です。ここに価値をもっているんだということを、アメリカ人のお客さんから教えていただいたんです。30万40万のベンチビルドの壹番館の丸縫いを買わないんだったら、もう10万以下のスーツで十分だっていうんですよね。なんでですか?って訊いたら「だって作り方、全部一緒なんだもん」って。多少生地が違ったり多少ブランドネームが違うだけで、2着8万円のスーツでも80万円のスーツでも中身がほぼ一緒であれば、そんなものにお金を使う意味がない。だから丸縫い以外だったらそういうので十分なんだよ、ということをいわれて、お客さんの考えているのはそんなもんなんだなと改めてびっくりした記憶があります。

生地選択・スタイル

1番の「生地選択・スタイル」というのは、最初お客様にいらしていただいたときに、生地を選んでいただきます。採寸の前に。なんでかっていうと、シーズンを決めなきゃいけないわけじゃないですか。夏なんですか？　秋なんですか？　冬ですか？　あと、色も決めて、形も決めて、それで採寸に入っていくわけです。

私は、生地のほうはイタリアのゼニア［Zegna］という会社にいたんです。テキスタイルデザインの部署があってそこで生地のデザインをしばらくやっていたんですけれど、すばらしいんです。一流ですよ。イタリアの生地屋さんっていうのは、生産規模もちゃんとしていますし。ただし、本当に面白いものはイギリスのものです。イギリスの会社なんかいくと、会社っていうのはおこがましいくらいの感じです。本当に小屋みたいな中で、こじんまりとやっているんだけれど、そういう中でピカ一のものが出てくるということなんです。一流ものを買うのでしたらイタリアのものを買えばいいですし、そこから上のマスターピースものを買うのでしたらイギリスものの中にすばらしいものが潜んでいますよというお話でございます。あくまで、私見ですが。

地のし

そのあと2番目の「地のし」というのは、私がやっているんですけれども、なかなか大変なんですよ。夏場なんかは汗だくになっちゃって生地を蒸気と熱で縮絨《しゅくじゅう》をかけるんですね。縮めちゃうわけですよね。ただ縮めりゃいいってわけじゃなくて風合いを落とさずに、もしくは風合いをさらに上げながら縮絨をかけて生地を安定させるっていうのがとても難しくてですね。

これはもう生地の厚さとか素材によってぜんぜんやり方が違います。道具はスチームアイロンだけです。そのスチームの入れ方、抜き方、温度のコントロールのしかたなど、絶えず一着一着コントロールしながらやって安定させちゃうんですよね。お寿司でもご飯がだめだったら、いくら良い握りをやっても台無しになっちゃうと思うんで、やはりその土台になるシャリが大事でしょっていう話なんですよ。だからここは手を抜かずに私がやらせていただいております。

裁断

3番目が「裁断」です（写真14）。昔は裁断ってすごく軽んじられていたんですよね。なんでかっていうと、これ公式になっているんですよ、全部。公式になっているからCA

写真14　裁断

Dで全部自動で引けるんですよ。決まり事になっていますから、そうやって決まりで引いているわけですけれども、決まりで引いているうちは差別化とか区別なんてできないわけですよね。ここがビスポークではすごく大事なプロセスになっています。

なんでかっていうと、昔はスタイルがわりと固定されていたわけです。今も時代時代である程度固定されてはいますけどね。今、細身じゃないですか？　ものすごく細いし丈も短いですし。でも俺は嫌だっていう方もいらっしゃるし、どんどんバリエーションが出てきているんで、ここで切り分け方がすごく難しくなってきているんですね。要はデザインを決めて、その、何て言うんですかね、クリエーションの部分がすごい増えてきていて、この人はこういうのを求めてらっしゃるのかなとか、こういうデザインなら喜んでいただけるのかなってのを、ここでしっかり見極めます。縫い代がそんなにふんだんについているわけではないし、ここで切り間違えちゃうと一着お釈迦になりますから。ここのプロセスがね、デザインが重視される時代においては、昔より非常に重要になりましたということでございます。

仮縫い

この「仮縫い」が全工程の中で私は一番重要だと思います。なんでかっていうと、オーダーメイドですし、ビスポークですから、デザイナーでもなければプレタポルテでもないんで、これが恰好いいだろ、みんなこれを着てよっていう一方的な商売じゃないわけです。お互いにキャッチボールしながらつくりあげていく商売なので、ここの仮縫いっていうのがそのプロセスなわけです。お客様もプロのデザイナーじゃないんで、わからないわけです。小さいサイズの生地を見たってですね、これが全体になった時にどうなるかなんて、プロが見たってわかんないんですから。狂うんですよ。思っていたより暗かったとか、イメージと違うという話になるわけです。仮縫いで現物の生地を体に当てることによって、なんとなくイメージが固まってきます。

話が途中前後してしまって恐縮ですが、さっき現物で5000着を持っているっていいましたけれど、それがなんで大事かっていうと、鏡の前でこうやって小さい生地を当てても、わからないじゃないですか。でも一着バサッと掛けると、あ、この紺は自分に合うなとか、この紺はすごく好きだけれど顔の近くに当ててみたら全然合わないやっていうこととか、それを体感できるっていうのがとても大事で、現物生地を持っているか持ってないかが、かなりの違いになってくるわけです。それから、見本と違って、触った感じなんかも現物の生地だとよくわかります。なので、この仮縫いが私はこのオーダーの全プロセスのなかで一番大事なのではないかなと思います。

あとでも話しますけれど、この仮縫いというのがなかなかくせ者なんです。だいたい15分くらいで終わるんですけれど、ご愛顧いただいた建築家の先生だと6時間くらい仮縫いやっていたんですよ。昼過ぎに先生のお宅に行って、終わると外が暗くなっちゃうわけですよ。でまた、こうずーっと肩でこう止めてはほどいて止めてはほどいて、おんなじ一着を6時間やっているんですからね。もういいじゃないの、こんな1ミリにもならないものをって、なんとなく思うわけですよね。そうすると、むこうは達人ですから。ちらっとこちらを見て、「渡辺クン、建築の世界でね、地上で1ミリずれると200メートル上で何メートルずれるか知っている？」というようなことをぐさっと訊くわけですよね。相手の心を見透かしているんですね。「いいよね、洋服屋さんはアバウトでー」みたいなことを言われると、「すみません」みたいな感じで、またしこしこピンを打つわけです。仮縫いというのは本当に大事なプロセスで、毎回毎回発見がありますし、やっぱりなかなか見切れない。

特にこの前後の幅ですよね。横の幅というのはわりと見やすいんですが、われわれ業界用語でいうと「渡り幅」や「アームホール幅」っていうんですけれど、この奥行きがですね、着心地とものすごく関係しているわけです。それと、このくりの深さとかそういったもので。ただまぁ、後ろへの運動は制限されていますので、足は多少手よりは行きますけれど。まぁこんなもんですよ。だから、蹴り出しと腕の、まぁ運転の時だってそうですしね。机の上で書類を書いたり。この前への動きを追いかけていけば、後ろ動きは逆に無視しちゃっても、いかに前に動きやすい洋服を作ればいいのかっていうことに絞ってしまうと、比較的糸口が見えてくるということです。

うちの洋服の特徴っていうのは前身をものすごい小さくして、ズボンも上着も前身を小さくするんですね。そのかわり背中をできるだけ大きい面で覆うということですよ。なるべく縫い目を入れない。縫い目を入れないってどういうことかっていいますと、縫い目って縫っちゃうから生地が伸びなくなっちゃうんですよ。生地は皆さん、触っていただくと縦でも横でも結構伸びるんですよ。斜めなんかに引っ張ろうものなら、ビヨヨーンって伸びるんですよ。ですから、なるべく縫い目を入れない大きい面を背中とかお尻に背負っていたほうが前にどんどん生地自体が伸びてくれて、また伸びたものは縮みますから非常に動きやすい着やすい服になっていくということですよ。

ちょっと技術的な話になりますとね、特にレディースなんかで顕著なんですけれど、たとえば胸のダーツ。パターンの先生が、どっから入れても一緒だって教えてるんですよ。これだと脇ダーツっていうんですよね。これ胸ダーツ、これ上から。どっからダーツ入れても理論上一緒でしょっていう教え方をしちゃうんですけれど。実際、こういう仮縫いをやって作ってみると、どっからどういうダーツを入れたかで伸びが全然違う。理論上では一緒ですよ。もちろん、膨らみ方は一緒になるんですけれど、たとえばここ縫っちゃえば、ここ伸びないわけじゃないですか。伸びないものを入れていけば当然着心地は変わるので、パターン上はそりゃ一緒かもしれないけれども、実際に着心地は違うんですよ。本当は学生にちゃんと教えてあげなきゃいけないんですけれど、これ分業なのでパターンの先生はそこまでわかってないんです。

そういう教育を受けて社会に出ていくから、着づらい服をつくっちゃうわけです。ですから、かっこいいだけとか、もしくは着やすくするとガバガバに大きいとか、なかなかそれが両立しないっていいますね。縫製とカッティング、美しさと着やすさのバランスっていうのがなかなかわかってないっていうことが多いといいますか、われわれだってわかってないから日々研究しているんですけれども…。そのように、仮縫いっていうのはとても大事ですということですね。

補正

5番、補正。イギリスで靴を作っていただきますとすぐわかります。長沢先生が先ほどおっしゃられましたビスポークシューズ。どういう靴ができてくるかといいますとね。こういう靴ができてくるんですよ。なんかね、ドナルドダックの靴みたいなのができてくるんですよね。特に日本人が作るとこうなんですけれど、なんかね、足を測って合わせるとこうなっちゃうんですよね。で、これをわれわれもやっちゃっているんですよね。だって、はきやすいしサイズ測ったらこうなのよ、という話なんです。

ジョンロブ［John Lobb］っていう靴屋があります。また、とてつもなく最近は値段が上がっちゃって。この間、うちのお客様がブーツを作られて、「ブーツ、いくらしたんですか?」って訊いたら120万円だって。「えー、120万円!? なら、スーツいっぱい作ってください」って（笑）。ジョンロブと同じ人が作ればちゃんとこういうのが作れるんですよね。「それできつくないですか?」って訊いたんですよ。いや、全然。履きやすい。かっこいいじゃないですか！　すごく美しい靴だったんですね。恰好よくて、なおかつ履きやすい。またさっき言ったこの「渡り」なんですね。結局、そういうテクニックをジョンロブのビスポーク部門は持っているわけで、われわれもそうじゃないといかんなと。見ていてもかっこいい。で、なおかつ着やすいみたいなものがあれば、これは非常にいいですね。だから、ドナルドダックみたいな靴をつくっちゃまずいということです。

型紙

補正のあとに、全部の型紙を一応ＣＡＤで取り込んじゃうんですよね。スキャナーだと精度が出ないんで、デジタイザーっていう畳2枚分くらいの板の上でカチャカチャカチャカチャっとなぞっていくわけで、これまたとてつもなく時間がかかるんです。一着一着、お客様の型紙を全部採っているんですね。あるお客様が、5年前の痩せていたときの型紙がいいっていう話になると、そこに戻って引っ張り出せば、すぐプリンターで出てきますからね。それをもとに裁つ。外の見えるところは非常にクラシックな世界なんですけれども、裏側のたとえば帳簿であるとかデータであるとかそういったものはデジタル技術をどんどんどんどん入れていって精度を保ちながら、そこで空いたコストとか時間をますます手のほうに振り分けると。そういうふうなことをやらせていただいています。

前はどうだったのといいますと、型紙はあるにはあるのですけれど、型紙ってね10年に1回くらいしか採らないんですね。もしくは、そこにちょこちょこ書き込みするっていう、手で型紙を採るのってとても時間がかかるんですよ。で、そんなのやってられない、新規のお客さんの分まで採ってられない状況でした。今は全部、一品一品採るようにしています。確かに時間はかかるのだけれども、それが信用になったり次への精度の向上につながったりしますので。やっぱり、やってよかったなってつくづく思います。

縫製とプレス

縫製、さっきちょっと触れましたね。型が崩れないんですよ、何度洗っても崩れないんですよって言いました。今朝もプレスをやっていたんですよ。クリーニング保管していたものの納品だったんです。よく白洋舎さんがやっているじゃないですか。預かる、オフシーズンのものを預かるっていうサービスです。今朝のお客さんはものすごく多くて80点。80点納品で、入れ換えに80点の夏物を預かっています。

プレスもね、クリーニング屋さんのプレスはもちろんロボット、機械でやるんですよね。人台っていう体の形をしたのにパシャッと着せて、ガッチャーンって押すわけですよね。で、押して型に入れちゃって中から膨らんでいきますから、ものすごく早いんですよね。

だいたい2分くらいでできちゃうんですね。うちは上着一着プレスするのに20分かかるわけですよ。20分×80着なんて気が遠くなるわけですよね。そういうのを今朝やって、レンタカーを借りて納品する。うちの車じゃ80着も載らないですから。そんなこともやっているわけです。

この縫製なんですけれども、縫製の見せ場っていうか、一番重要なところはアイロンなんですね。なんでかって言いますと「いせる」とかもうちょっと乱暴な言葉で言いますと「殺す」とか。「いせる」ってどういうことかというと、たとえばこの肩の線って前が15センチだったとすると、後ろが16センチとか16・5センチとか長いんですよね、後ろのほうが。それをどうするかというと、後ろの長いほうをギューッと熱と蒸気で縮めていって前の15センチにくっつけちゃうんですね。で、そうすると伸びがいい。要はサスペンションみたいなもんですよね。伸びるんですよ。そういうのを縫製の中に全部組み込んでいるんですよ。だから、バンバンバンバン伸びるんですよね。うちはいろんなところに伸びの隠し技を使っておりまして、背中の真ん中とか脇とかも全部寸法を変えているので。

そうすると、めちゃくちゃ縫いづらいわけです。手間がかかるし。背中なんてですね、普通ある程度こういう直線で引いてあるんですね。うちはこの背中の真ん中の線なんてですね、アウトカーブとアウトカーブをぶつけますから、それを縫うとぽっこり出ちゃってですね、とんでもないことになっちゃうんですけれど、それを体の背中にピターッと収めるようにまた縮めていって、きれいに縫い合わせる。正確にやりながらかつサスペンションを、伸びの部分をどうやって入れられるのかっていうのがテーラードの良さになっているわけですよ。で、そうすると着た時にものすごく美しいシルエットになるし、なおかつ美しいだけじゃなく着やすいよね、動きやすいよねっていう服になっていくわけです。

フィッティング

最後にお客さんにフィッティングをしていただくんですね。まぁフィッティングで多少手直しが出ますのでなかなか一回では収まらなかったりするんですけれども。よくうちの洋服は縮むなんて言われるんですけれど、縮むわけないだろうって思うんですね。要は納品までにお客さんが太っているだけなんですけれど。壹番館のスーツは縮む縮む、なんて笑いながらよく直していますけれどもね。そんなようなやりとりをしながら、なんとかおさまるように四苦八苦しながら、ビジネスではなく商売をやらせてもらっているということですね。

行事

この写真（写真15）は、正月ですね。鋏入れ式という行事です。普段は一人で裁断するのですが、この日は一着を社員全員で裁ちます。まぁこれ鳶職の人になんかも来てもらって、非常におめでたいにぎやかなものです。まぁこういうことやりますと、それ用になんてご注文いただけたりするもんですから、まぁこういう商売人のいやらしい、狡《こす》い想いもひそんでおりますけれど。まあでも毎年続くものをやっていくのは、とても大事なんじゃないかなと思います。

これ（写真16）は何かっていうとね、針供養。3月3日、お雛様のときがうちの創立記念日でね、紳士服でなんでお雛様なのって話なんですけれど、まぁそうなっていまして。3月3日に必ず皆で針供養を行うわけですね。ここの真ん中に豆腐が二丁並んでいますけ

写真15　鋏入れ式

写真16　針供養

れど、豆腐に針を皆で刺して1年間お疲れ様でしたと。柔らかいところでやすんでくださいね、道具を大事にしましょうということです。これはイギリスでもイタリアでも見たことがないんで、非常に日本っぽい考え方なんですけれど、これは私、自分自身が好きな行事の一つでございます。

ここまで洋服の説明を続けてきましたが、ラインでつくったものとベンチビルドで一個一個レーシングカーみたいに組み上げたものとどう違うかっていうのは、今の話である程度わかっていただけたかなと思います。

戦後はワッペン付けでしのぐ

銀座で85年っていうと本当に新参者です。皆さん古いんですよね。越後屋さんなんて、あの越後屋ですからね。永井さんっていう方なんですけれど「俺は悪くない、悪代官と組んでない」って言っています（笑）。その銀座越後屋さんがまだ呉服業をやっているわけですから。驚きですね、300年以上やっているって言っていましたから。ウェディングのレンタルなんかを扱っている遠藤波津子グループという会社がありますけれど、そこも100年以上やっています。でも、ニーズは変化しているんですよね。遠藤さんは最初髪結いですよ、100年前は。今は美容室。そのころは日本髪ですよね。で、今も美容のほうもやってらっしゃいますけれど、メインの事業っていうのはウェディングドレスのレンタル。この15年かな、比率が真逆になっちゃったって言っていました。いまはウェディングドレス8割、着物が2割と大逆転しちゃっても、事業として、しなやかに継続していらっしゃいます。

天賞堂ってご存知ですかね？　天賞堂ってね、銀座の晴海通りのディオールの対面《といめん》にあるんですけれど、貴金属、宝石、時計。2階で社長の趣味が高じて鉄道模型をやっております。もともとですね、なんか鉄屋さんらしいんですよね。鉄鋼業がなんでこんな感じに。まぁ金属つながりでそうなっているっていいますけれど。あと大黒屋さんなんてお店にいくと、今はハンドバックを売っているんですけれど、名前の通り乾物屋ですよ、50年くらい前までは。そういうのが時代とともにしなやかにどんどん変わっていくところが銀座の面白さです。頑固一筋にやっているかと思いきや、ある日突然しなやかにこう、ツルッと変わっちゃうところがですね、節操ないんだか、しなやかなんだかよくわかんないんですけれど、ここらへんは非常に勉強になりますよね。

うちも戦前はお客さんが4、5人しかいなかったわけですから。まぁ、それで商売になっちゃったんですよね。電通の吉田秀雄さん。4代目の名物社長ですね。電通をあそこまで大きくした人です。週に一回ご注文いただいていました。年間50着以上お作りいただくのですから、そういう人が4、5人いれば回っていっちゃうわけですよね。そういう時代もあったし、うちの祖母《ばあ》さんに戦中とか戦後はどうしていたの？って訊いたら、戦中は疎開していたからうちも商売やっていません。祖父が戦争にとられていますから。うちの祖父《じい》さまは洒落者だったわけで、運転免許を持っていたんですね。そのころは皆運転免許を持っていなかったので、それが災いして、軍隊にとられました。しかも三度もとられちゃって。二度と運転なんかしない、もうこりごりだって怒っていましたけれど。

戦後すぐには、洋服を売ろうにも生地がないんです。どうしていたの？って訊いたら、その時は米軍の将校のワッペンを付けてたって言っていました。階級が上がるとワッペンを付け直すじゃないですか。そういうのを下請けでやっていたそうです。近くにPX（米兵向けの売店）がありましたから。

話が横にそれちゃったんですけれど、ヤナセって会社ありますでしょ、自動車の。亡くなっちゃった梁瀬次郎さんっていう2代目。その梁瀬会長の部屋の入口のところに、なんか錆びた鉄のものが置いてあったんですよ。私はてっきりヘルメットかと思って、「なんですかこれ?会長。南方に戦争に行かれて、その時のご苦労を忘れないように飾られているんですか?」なんて話をしたら、鍋だって言うんですよね。「なんで、鍋がこんなヤナセの会長室に飾ってあるんですか?」って訊いたら、「だってお前、戦後すぐなんて、車は売れないだろ?」と。道だってない状態ですから、そこでキャデラックなんて買う人いないわけですよね。芝浦の工場には社員300人くらい抱えているっていうんで、食わせていかなきゃいけない。木工の人は木を削って下駄をつくる。内装やっていた人は鼻緒《はなお》をつくる。板金の部署の人たちは鍋を作って、会長がリヤカーに積んでですね、新橋まで売りに行っていたんですね。あのヤナセが鍋とか売っていた時代があるっていうわけで、まぁ、うちもワッペンやっていたわけですし、やっぱり知恵を絞れば、しのいでいけるんだなって、先人たちはそうやって非常に激しい時代の流れを乗り越えてきたんだなって感激した記憶がございます。

整理とは捨てること

われわれもそういう風にしてやってきました。そのあと高度経済成長となりますので、うちもギフト券なんてものが大いに売れた時代がありまして大変よかったですけれど、そういうのがぱたっと売れなくなるわけですよね、バブルが崩壊しますから。そうすると、ダウンサイジングするわけですよね。支店をほとんど閉めて、今に至るわけですよ。

でまぁ、私はビジネスをやっているわけではないので、商いをやっているわけなので皆さんの前でビジネス論語るネタもないわけですし、しいていえばですね、とにかく掃除。それしかないですね。5S＝整理・整頓・清掃・清潔・しつけ。会社でも言うんですけれど、5つもできないわけですよ、そんな。整理整頓もおぼつかないのに5つもやんなくていいよと言っています。政府だって、5大改革なんて5つも6つもやろうとするから一つも成功しないわけですよね。小渕さんみたいに経済の再生、もうこれだけでいいんだって絞ると、それを見事に達成するわけじゃないですか。ですから、うちも5Sとは書いてありますけれど、整理・整頓・清掃・清潔・しつけのうちの最初の一つ、整理ですよね。

整理ってなに？っていえば、要るものと要らないものを区別して、要らないものを捨てましょうということです。とにかく捨てようという話なんですよね。要らないものを捨てる。物理的にも要らないゴミ、役に立たないものはどんどん捨てると同時に、フィジカルな部分ではそういう風にするということですが。でも大事だなって思うのは、メタフィジカルな部分での整理ですよね。とにかく、現実世界で要らないものを捨てるだけでなく、頭の中で要らない考えを捨てる。毎日捨てることだけやっているだけでも、だいぶ違ってくるっていうことになります。

理想はお寿司屋さん

うちの目標、理想はお寿司屋さんになるっていうことなんですね。

お寿司屋さんはすごいじゃないですか、製造業としてみても。全部オーダーメイドでしょ？　高校生が来ればですよ、ちょっとお父さんの懐を気にしながらシャリをでかくしてあげたりね。お婆ちゃんが来ればですよ、ちょっとシャリを小さくしたり、あわびでも生のあわびなんか出さずに煮たほうがいいんじゃないかって。全部オーダーでやっているし、数えたことないですけれど、一人のお客さんに対して20枚から30枚のお皿を使っているじゃないですか。それがまったく汚れもなく、バーッときれいに出てくる。そんな製造業、世界中どこ探したってないですよね。全部オーダーでやっていて、そんだけの個数のバリエーションを正確に行う。だって、シャリを握ったって1粒とか2粒とかしか違わないっていうじゃないですか。すごい精度で握っているんですよね。そんなことができている製造業は他にはないってことで、うちはとにかくお寿司屋さんを目指そうっていうことでやっております。

忘れ得ぬ顧客の方々

オーダーメイド、ビスポークっていうことなので、顧客の話に移らせていただきます。あるお客様は、世の中では洋服一着しか持ってないっていうことになっています。なんでかっていうと、グレーの、グレンチェックっていう格子柄のダブルしか持ってないんですよね。それがお好きで。でもクローゼットへ行くと、それが何百着と並んでいるんです。巷《ちまた》では、一着しかないって言われているんですけれど、こだわりってそういったものなんだなと思います。

そのお客様が亡くなった時は、夜中の2時くらいかな、息子さんから電話がかかってきて、「新ちゃんさ、うちの親父亡くなったからちょっと来てよ」と言われました。それでお宅に行くわけですよ。亡くなった直後ですから目の前にお家のかたとかお手伝いさんだとかが居るのですが、「パジャマで逝くのはいやだ、壹番館のスーツであの世に行きたいって言っていたから、新ちゃん、手伝ってよ」って言われまして、やっぱりこれは商売冥利に尽きるわけですよね。最後のお着替えまでお手伝いさせていただけると、本当にかわいがっていただいたなぁと感激した覚えがあります。大変厳しい方でした。でも、このようなお客様がいらしたからこそね、今なんとか商売を続けられるわけで、本当にわれわれはお客様に育てていただいているという典型的な話であります。

次は、ご夫婦で仮縫いにいらっしゃった方のお話です。その方は、仮縫いをしながら「また明日から入院なんだよねー。もう5回も手術をしていて、明日からまた入院だ」とおっしゃっていました。「お父さん、これ出来上がってくる頃に退院してまたお食事に行けるといいわよね」と奥さまがおっしゃるのですが、そのご夫婦はもちろんのこと、横で聞いているわれわれも非常に厳しいなとわかるわけです、顔色とか衰弱の具合を見ていると。でも何か、最後にご夫婦で楽しい思い出として仮縫いっていう場を使っていただけたみたいなことは、やっぱり単にわれわれがお納めしているものは洋服だけではないなっていうのを、つくづく勉強させていただいたケースですね。

3つ目は、これ本当に偶然なんですけれど、同じ日に2人まったく2人重なっちゃったんですけれど、おじいさんのコートを仕立て直したいっていうことで、50年前のコートを持っていらしたんです。直るんですよね、これが。既製服に比べて縫い代がものすごくいっぱい付いていますから。縫い代をいっぱい付けていると、縫うのが難しいんですよ。難しいんですけれどオーダーの洋服ってのは、時間軸がプレタと違うんですよね。30年とか40年とか着ていくものなので、1シーズン、2シーズン着てグチャグチャになって捨てちゃうってものではないので。時間っていうものの質を売り物にしている以上、そういうサービスが必要になってくるのですよね。で、本当におじいさんのものをこうやってお孫さんが使っていただけて嬉しいなって思います。

そういう話をたまたま中井貴一さんにしたら、中井さんもニヤッて笑って「新君さぁ、ということは明日商売をやめちゃったとしても、50年間はそういう商売をやり続けなきゃいけないんだよね」って。顧客はそういうサービスを期待して買っているわけですから、売るのをやめてもそのサービスだけはやめられないよ、みたいなことを言われて、ぞっとした思い出があります。

そういうものを含めてお売りしていることのプレッシャーっていうのをあんまり考えないようにはしていますけれど、実際はそこらへんも商品価値になっていくんだなということで非常に緊張しますすよね。

顧客のいろいろな話が聞ける喜び

では、次にさっきのお話なんですけれど、われわれはけっこう、昔の呉服屋さんみたいな商売なんですね。まぁうちも、もともと呉服屋だったたっていうのもあるんですけれど、お客様のお宅の中の中まで入っていっちゃうんですよ。ウォーキングクローゼットなんていうと、寝室の真横についていますから、お客様の寝室の中を通ってクローゼットに行って、洋服かけかえて、これは直しましょうとか、この洋服はもうお持ちだからあえてこの色は買わないほうがいいんじゃないのか他の色にしたほうがいいんじゃないかとか、タンスの中身を把握して商売してってていうところがあります。とても人には言えないような話、墓場までもっていくような話も、うかがうことがあります。そういうところまで入れていただけるっていうのは緊張はしますけれど、大事な部分ではないかなと思います。

日本を代表する世界的企業の創業者の方に、なんでうちで洋服をつくってくださったのか、伺ったことがあるんですよ。そしたら、「同じ町内だから」って話なんですね。うちは銀座5丁目の端っこなんですが、もう一個の端っこは数寄屋橋の交差点のほうで、そこに会社があるわけです。同じ町内に仕立屋があるのだから、そこを使ってやれよっていう発想なんですよ。ものすごいローカル目線なんですよね。こういう発想で世界中に出て行ったらどこに行っても成功するなって思いますよ。

ベルギーに工場を作りましょうってなったら、近くに牛乳屋があるんだからわざわざ東京からまとめてとる必要はないでしょうよって、近くのものをちゃんと使ってやればいいじゃないよって、いうことなんです。非常にローカルに対する目配りができているので、逆にグローバルに展開できちゃうっていう、逆説的な話ですね。

お客様のお宅にお伺いすることが多くて、いろいろな話を聞けるっていうのが、商売やっているなかでの一番の財産っていうか、ご褒美なんですよね。仮縫いなんていうのは10分15分で終わっちゃいますから。そうするとただの洋服屋の小僧にですね、まぁそこ座っていけよ、みたいな話でですね、1時間2時間ぶわーっと、歴史の講義とか経済の講義とか政治の講義とかしてくださる。マンツーマンでそういう話を聞けるっていうのはこれは贅沢な話ですね。何かこう伝えておきたい想いをお持ちなんですよね。それがさっき長沢先生がおっしゃったビスポークっていうなかに、洋服の情報のやりとりだけではなくて、自分の生き様のやりとりみたいなものも含めてなんだなって感じます。

恰好よかったのが、料理屋さんの大旦那です。日本料理の頂点まで上り詰めた方です。90歳を超えてもうちの店にいらして、スーツ作ってよっておっしゃる。いやー大旦那もう大感激ですと。90歳を超えてスーツを新調していただくなんて本当に光栄なことですと。そのときもなんていうんですか、酸素ボンベをひきずって、鼻にチューブが入っていて、でも新しい洋服を作りたいと。「90歳を超えてスーツを作りたいっていう想いは何なのですか?」って、失礼ながらうかがったら、「いやぁねー、もてたいんだよねー」っていうので、あーそこかー、みたいになって（笑）。まぁ洋服ですから、そういうのも大事な部分です。なにも肩肘張っている場合じゃなくてですね、そうゆうゆるい部分も含めてね。恰好よかったですよ。出来上がったとき、グレーのスリーピースの無地でして。フィッティングで着ていただいて。よーし、これから飲みにいこうって、また銀座の街に消えていく90歳の大旦那っていうのは、迫力があってなかなか恰好いいですね。まぁ、そういうことにも触れさせていただけるのが面白いなと思いますし。

われわれはあんまり製造のバリエーションっていうのを増やすとよくないので、なるべくスーツだけ作っていたいんですけれど、変わったご注文としては、こちらにあるカシミアのつなぎっていうのがありますね。羽田の自動車工場の社長さんです。つなぎを作れっていう指示があったんです。綿はだめだ、綿は燃える、っていうんですよ。自動車工場って結構危ないんですよね。油がそこら中にあって、プラグで引火して火だるまになるっていうんです。「ウールがいい。でも俺は綿でもウールでも嫌だ、ホワイトカシミアで作れ」って言われて。40万円もするんですよ。税務署に否認されたそうなんですけれど、当たり前だよって（笑）。そんな注文もあるんですよね。スパナはここに入って、ドライバーはここに入る。あんまりそういうご注文ばっかり増えてもなんですけれどね。なかには、そういうのもあります。

けっこう生々しい現場に出くわすことも多くて、政治家の先生ですと、痩せて見えないスーツを作れみたいなご指示いただいてね。やっぱり体調が悪いっていうのは、政治家にとって一番出しちゃいけない情報じゃないですか。ですから、とにかく痩せて見えないスーツ、元気そうに見えるスーツを作れって言われてきましたが。そういう現場に行きますと、かなり生々しい話も聞きました。そこらへんは言えないんですけれど。

モーレツ社長

弊社のお客様は、何か現場主義の方が非常に多いんです。ある日電話がかかってきて、ポケットの具合が悪いと言われまして。持って行くよと言われたので、いやいや、伺いますよと言って、じゃぁ遊びにこいよと新宿のオフィスに行ったんです。

日本全国で事業をやっていて、社員が2万5千人。阪神・淡路大震災のときも当日現地入りすると言って、東京駅へ行ったらもちろん新幹線が止まっていて。羽田へ行っても飛んでいなくて、羽田から広島まで飛んで、広島でバイクを借りて、そのまま神戸の事務所に行って、2階の窓ぶち破って…。誰も社員の人が来てないから、サーバーを持ち出して、そのサーバーを京都に持っていってつなげて、業務はなんとかしたそうで。それが85歳ですから、驚きですよね。

東日本大震災の時も行ってきたそうです。もちろん当日です。事務所に顔を出して、現場がどうなっているか見るんですよ。とてもすさまじい話でしたよね。ここでは口に出せないような現場の生々しい話でして。85歳でそれかって考えると、まだまだあまちゃんだなって、自分自身反省するわけですよ。

だってその方は毎朝7時に会社に入っているって言うんですよ。9時くらいに会社の人が来て、ある程度そろうと外に出て、人に会いに行くっていうんですよね。でまた、夕方の7時8時くらいに仕事終わって帰ってきて、そこから12時まで今度は中で仕事やって、土日も出ているんですよ。「あいつら、全然出て来ない」って。そりゃ同じことしてたら、労働基準法に引っ掛かりますよって話なんです。今世間で言われている部分と、また違う部分っていうのが社会にはあるんだなあというのを勉強させていただきました。

銀座盆地

だんだん漫談みたいな話になりましたが、ちょっと銀座の話をさせていただきます。銀座は56メートル、盆地になっているっていう話です。

銀座では、実は10年くらい前から自主ルールっていうのを作っています。国は200メートルまで建ててよいと法律ではなっているんですね。しかし、区と銀座の両方で56メートル以上の建物を認めないというふうにしたんで、担当の人間がひっくり返っちゃったっていうんですよ。そりゃそうですよ、200メートルまで建てられると思って土地を買って、56メートルまでですって言われたら、採算が全然合わなくなっちゃう。でも、それは何かっていったら、ヒューマンスケールっていうことで、56メートルを超えたら人の姿なんて見えないでしょう、あくまで銀座は人間のヒューマンスケールで街の開発をやっていきましょうということなんですよ。

そうするとですね、まず新橋のほうからいくと、汐留にビルがいろいろ建っていますよね。これ200メートルあるんですよ。で、今度、日比谷に行きますと今、三井さんがものすごい開発をやっているんですよね。これも200メートルある。で、もちろん大手町、三菱さんの200メートルが建っているわけですよ。日本橋、これも200メートルですよ。今度ぐるっと回り込んで晴海。これ住友さんですよね、これも200メートル。全部囲まれちゃって。で、ストーンと150メートル落ちて銀座があるわけですよ。

だから、これで銀座の在り方が全部変わっちゃったんですよ。何が変わったかっていうと、世界中を相手にして24時間戦い続けている人たちの街が周りにできちゃって、56メートルしかない銀座という下町がいきなり誕生したわけです。なんで下町かっていうとね、この間、浅草の人に、お前ら銀座の下町ものがって言われて、「何でそんなこと言うの？それじゃあ、浅草はなんなのよ？」って言ったら、「いやぁ、俺たちは門前町よ」って言うんですよ。門前町らしいですよ。何でかっていうとね、奉行が違う、寺社奉行だって言うんですよ。格が高いらしいですよ。彼らはそれが言いたいらしいんですよ（笑）。われわれは町方じゃないですか。「城の下だからお前ら下町だ、浅草橋で奉行のボーダーがあるんだ。そこから東は全部、寺社奉行。高貴なんだ」ということを浅草の人に言われて、へーってなってね。でも、下町感覚というのはなんか人情があって、人と人との顔がつながっている。そういう軸で銀座の街の開発をやり直しながら、200メートルのビルの人たちとは違った温度の街ができるんじゃないかなと、いいほうに考えています。

でも寂しいことに、銀座の大通り、晴海通りと銀座通りは、上場企業しか入ってこないですよね。世界中から大企業が入ってくるんですよ。一本裏に行っていただくと、いろんな顔の見えないビジネスでない商いがあって、それをまとめたのがこの本（『銀座資本論』）なんですよね。また宣伝してしまいました、ぜひ買ってください（笑）。今は銀座ですけれども、銀座からＧＩＮＺＡにならないといけないわけじゃないですか。2回目のオリンピックを契機に。要は国際的に通用する街なのかどうかっていうことですよね。

十数年前に「本田宗一郎と井深大展」という二人の、要はホンダとソニーのプロダクトを第一号から最終プロダクトまで集めた、すばらしい企画展があったんですよ。で、その時の最終プロダクトはアイボとアシモという両社の最新のプロダクトでして、そのいろんな製品の上に本田さんと井深さんの言葉がかかっていたのですけれど、昭和40年代にですよ、本田さんは「国際的とは人真似をしないことだ」って言っていたんですよ。びっくりしましたよね。英語をしゃべることでもなく、海外事業展開することでもなく、とにかく人真似をしない、オリジナリティをつくるってことが国際化なんだってスパーンと言い切っているのが、大した経営者だって思います。

こっちの漢字の銀座から横文字のＧＩＮＺＡになるときに、やれ通訳を置けだとか、Ｗｉ－Ｆｉがどうだとか、看板がどうだとかという話はもちろんあるんですけれども、世界中から来ていただいた方からこれは面白いって言っていただけるようなものとかサービスをわれわれは持っているのかということがすごく不安なわけですよ。というのも７年前くらいにいきなり友達から電話がかかってきて、「カダフィの甥が来ているから、お前、アテンドしろ」って言われて。えーって。そりゃぁ、すごいお金持ちなわけですよ。石油だって出ていたしね。で、銀座を歩いて、どこへ連れていったって面白がらないんですよ。有名な宝石屋さんに連れていったって、「ちょっと安いね」なんつって。何を見せたって面白くないし。海外のブランドのショップに行ったって、そりゃぁねー、ヨーロッパだって、どこにだってあるわけじゃないですか。何を見せてもあんまり喜ばないわけですよ。でも、唯一喜んだのが、三越の地下に連れて行ったときに、生鮮品の果物のところに四角いスイカがあったんですよね。それを見て「これは面白い！これを買って帰ろう」って。なんだ、銀座全部案内して面白いって言ってくれたのはスイカだけかと思ってがっくり落ち込みました。これは国際化からほど遠いわって。

オリジナリティがあって、しかもリピートしていただけるような、また買いたいよ、また来たいよって、言われたいですよね。われわれも、やっぱりパリに何度も行きたいじゃないですか。ニューヨークだって一度じゃ不十分ですよね。何度も行きたい。そういうような都市っていうものに銀座は本当になりうるのかっていうことが今の課題だと思うんですよね。

でも、銀座だけの問題じゃないですね。日本中どこの街でも金太郎飴みたいに東京とあんまり変わんないとなったら、地方に行く意味なんてないわけですからね。いろんな地方でいろんなオリジナリティを探してね、作っていますけれどね。でも全部が全部、なんかゆるいキャラクター作っちゃって、ぴょんぴょん跳ねて、きゃーきゃーいって、これじゃないんじゃないの？って思うわけです。やっぱり本当に何度も行きたい、何度も食べたい、何度も買いたいっていうリピーター、海外からもリピートしてくれるお客さんを作れるかどうか。中国人の爆買いもありましたけど、リピート性が本当にあるのかどうか、もしくはオリジナリティがあるかどうか。なんか同じだよね、ソウルのほうが面白いよねって言われちゃったら、元も子もないんですよね。

すし幸さん

そうならないように、どんなオリジナリティを出せばよいか、みんなで知恵を振り絞っているわけですが、その中の一つが職人、もしくは職人技っていうキーワードです。銀座の寿司屋さんに行きますと、夜9時以降はほとんど外国人ばかりです。外国人って遅い食事に慣れているじゃないですか。予約を取るときに9時ですって、いきなり言っちゃっているんですよ。空いているのに。そうすると5時半から9時までのそこで2回転、通常の日本のお客さんを回して、その後にもう一回転分、9時から11時までで海外のお客さんを銀座のお寿司屋さんは取り込めているわけですよね。不思議なんですよね。日本人のお客さんはすし食べながらワインとか飲んでいるんですけれど、海外のお客さんは日本酒飲んでいるんですよね。よっぽど本格的です。これはとてもいいことだなって思いますし、あんな海外の人に生魚を食べさせるまでよくやったなって思います。

でも、それだけの衛生管理をやって、オーダーメードのものを目の前で調理して、正確に出していくっていう技術は、確かにオリジナルで、海外の飲食にそこまでのものはないですよね。生のものをあれだけスピーディに、しかも今は、2貫握りじゃなくて1貫握りじゃないですか。そんなことやれって言われたら、よその国のシェフは怒っちゃうと思うんですよね。細かーくやっていてね。ですから衛生管理はすばらしいなって思います。

すし幸さんの何がすごいって、その顧客の層もすごいんですけれど、玄関があるじゃないですか。玄関の前にこうゆうコンクリートブロックが置いてありますよね。段差を吸収するような。結構重いと思うんですよね。20kgか30kgあるわけですよね。これがいくつも並んでいるじゃないですか、お店の前に。びっくりしたんですよ。朝の掃除の時にこれをどかしてですね、ひっくり返して裏側も洗っているんですよ。そんな店は銀座でも見たことないですよ。

で、杉山さんっていう人がご主人なんですけれど、守さん、何であんなところまで洗っているの？って聞いたら、いやゴミが溜まるからだよって。いやぁ、ゴミが溜まるのはわかるけれど毎朝ってすごくない？ いやぁ、これが当たり前なんだよって。そこにゴミが溜まると、そこが不潔になって虫がわくと必ずゴキブリが来る。ゴキブリが店の前に入ると、必ず店の中まで入って来る。ゴキブリが入るとネズミが入る。どんどんどんどん不衛生になる。だから最初にここで叩く。へーってなって、掃除ってそこまでやるんですかっていうのを、まざまざと見せつけられたんですよね。

銀座のバー

ほかにもですね、皆様にぜひぜひ行っていただきたいのが銀座のバーなんですよね。クラブじゃないですよ、クラブはねあんまり。特に女子は行く必要がないんですけれど、でもバーには絶対行っていただきたい。1杯1500円で、チャージも付かないですし。カウンターで美味しいお酒が飲めて。手前みそになるかも知れませんが、ダントツ世界一だと思うんですよ。私も仕事柄ちょいちょい、海外行きますけれど、どこの国でどこの有名なところで、どんないにいいところで飲んでも、あんなに美味しいカクテルにありつけたことないですよ。まぁ、切れはあるし、なんか深みもあるし。だいたい氷が違うっていうんですよね。海外でカクテル飲むと、なんか濁った氷でどろどろに溶けて。なんか酒だか氷水飲んでいるのだかわからない、しゃばしゃばなものを飲まされて…。きれーっと冷えたね、ものすごい切れのあるふくよかなカクテルっていうのはやっぱり銀座でしか飲めない。地方にもいいお店はありますけれど、あれだけ集積しているのって銀座だけだと思うんですよね。

　で、何が違うのって話を聞いたんですよ。「カーネル」っていうお店があって、木村さんっていう親子二人でやっているんですけれど。それもすごいですよ。365日、一日も休まない。毎日やっているんですよ。で、木村さんになんでこんな日本のカクテルって美味しくなったんですか？　なんでこんなにレベルが高いんですか？　って聞いたら、たぶんお茶の影響よ、っておっしゃるんですよね。われわれは、500年近くお茶をやっているわけじゃないですか。カクテルも、お手前だって、所作だって言うんですよ。美味しいおもてなしをするための美味しく飲んでいただくためのテクニックっていうのを500年間研究しているから、それをベースにそこに洋酒をのっけただけだっていう話を聞いて、なるほどねって思いました。ですからシェーカーふるのと茶筅ふるのも一緒だって言うんですね。ステアする。要は液体を混ぜているだけで一緒でしょって。で、温度コントロールして、混ぜて。

　ウィスキーのオンザロック、あんなに味が違うと私も思わなかったですよ。氷を入れて、どぼどぼどぼじゃないですか。それがね、「ネプラス」っていう店なんですけれど、すごいですよ。オンザロックでここまで味が違うなんて驚きです。出てくるまで遅いんですよ、20分くらい掛かってね。接待とかで行くと、イライラしちゃってね。もう待ちくたびれちゃうんで。そういう時には絶対行かないんですけれど、一人とか友達と行く時には最高で、味が抜群。まずですね、温度のコントロールですよね。ロックグラスに氷を入れて、水を入れてがーって、で、水捨てるじゃないですか。それはどこでもやっていると思うんですが、まぁやらない店はいきなりじゃばじゃば注いじゃったりしますけれど。一度ワイングラスにウィスキー入れてですね、香りを整える。それをウィスキーの質によって氷にぶつけて落とす時もあれば、グラスの壁に当てて落とす時もあって、そういうふうに全部微妙にコントロールしていくので、一口飲んだ瞬間、味もそうですけれど、香りですよね。ふわーっと拡がって、あらま、オンザロック一杯でね、こうも差別化ってできるのね、ってかなり反省しましたね。私もほいほいーって切っていたら駄目だな、もうちょっと考えないと駄目だなぁって思いました。そういうお店がごろごろしているわけですよね。

やす幸さん

「やす幸」さんっていう店があるんですけれど、これも皆さんにぜひ行っていただきたいですけれど、おでん屋さんなんですね。石原さんっていう先輩がいるんですけれど。やす幸の開店は4時半か5時なんですね。昔はお昼もやっていたんですけれど、今は夕方からなんです。それなのに、朝6時台に電気がついているんですよ。石原さんに「何で朝そんな早くから電気がついているの？　セキュリティですか？」って訊いたら「出汁《だし》をとっている人がいるんです」。「朝6時に火を入れないと、夕方の4時、5時に味が出てこない」って言うんですよ。「だってお前、出汁っていうだろ？　出すっていうくらいだから、引いて来ないといけない。時間かけてね、そんなガーガーガーガー熱して簡単に出るもんじゃないんだよ、出汁ってのは。それだけの時間かけて出さないと」。

その出汁をですよ、毎日毎日捨てちゃうわけですから、こんなに贅沢なおでんはないと思いますけれど。なかなかね、そんなことをわれわれはわからないで食べているので、いいお値段ねって思うんですけれど、そういう話を聞くとね、頭が下がりますし、石原さんはいま86歳かな、そんな先輩に「新ちゃんね、やっぱりね、若いころ俺もいろいろ反発したけれど親父の言っていたことが正しかった」なんて言われると何も言えないですよね。親父にたて突くのやめようと思いました。

こういう話ってのは、絶対にビジネス書には出てないですからね。でも、そういうのもあるってことですね。皆様方はビジネスマンですからね。世界中を相手にやっていくわけですけれども、この56メートルの盆地の中ではですね、そういった話も日々あって、それが楽しみにもなって、銀座の魅力になっているわけですよね。

茂登山長市郎さん

最後にしますけれども、われわれの大先輩の「サンモトヤマ」の茂登山長市郎さんっていう先輩がいて、今94歳ですね。毎日会社にいらっしゃる。階段走って上りますからね。その上に100歳の関口さんっていう方が、「ランブル」っていう珈琲屋をやっていて、毎日こうバイクの後ろにつかまって出社してきてね、微笑ましいですよ。100歳ですから。毎日焙煎やっているんですよ。カウンターの中にはさすがに立つタイミングはないみたいですけれど。

茂登山さんに話を戻します。皆さん方がやっている企業はくわだて業ですよね。戦略を組んでそれを戦術に落としていく、そのプランニング、作戦の優劣っていうのがものすごく大事になることをやってらっしゃる。茂登山さんはそういう企業も大切だし、またこういう盆地で、銀座村でやるんだったら生業の企業も大事なんだよと、だから顔が見える商売、オーナーが直接現場に出てないと駄目だっていうのが茂登山さんの持論です。

ただ残念ながら銀座でも、この間宴会をやったんですけれど、上は80代から下は20代までいましたけれど、その中で店頭に出ているのは3割しかいなかったんですよね。経営者の中でも7割がずっとパソコン。お客さんには会わない、会ったことがない。まぁたまにはもちろん会うんでしょうけれどね。まぁそういうふうに銀座もなってきているみたいなので、考えなきゃいけないなって思うんですけれど…。茂登山さんはやっぱりわれわれはくわだて業ではなくて生業のほうの企業だから、そこらへんで知恵と体を使っていきましょうよと、われわれに常日頃おっしゃっていただいて。

あとは、勘定と感情。もちろん商売だしビジネスだから、パソコンは大事だよというんですけれど、でもやっぱり買ってくださるのはコンピュータじゃないんだから、買ってくださるのはお客様のハートなんだから、そこに相手のお客様の感情に響くようなことはどうやってできるのかっていうのを絶えず考えないとっていう話ですよね。さっきの社員2万5000人の大社長は勘定のほうは会社の方に任せているんでしょうけれど、感情のほう、ハートのほうはその社長がやってらっしゃるんですよ。というのも、びっくりしたのが誕生日カードを全員に出しているんですよ。手書きで。だって2万5000通も書けないじゃないですか。一日何通になるんだか知らないですけれど。そりゃぁもうハートに響きますよね。直筆でそれがばんばん来ていたらね、たぶんその社長は勘定ではなくて感情のほうの部分を受け持ってやってらっしゃるんでしょうね。

まぁそういうような先輩たちにかわいがっていただけるっていうのはありがたいことです。銀座っていうのはまぁそういうふうには見えないかもしれませんが、ものすごくリベラルな町で、若い人たちにものすごいチャンスをくれるんですよ。90歳や100歳の人が「新ちゃん」なんて言って、ちゃん付けで呼んでくれるんですよ。同じ商売人として扱ってくれるし、だからこそこっちもものすごく尊敬して、なんか困るとすぐに話を聞きにいきます。

だいたいですね、家業ですからね、生業の方は。親父の話なんか聞きたくないわけですよ。煙たくて。いやなんですよ。正論を言われてもいやなんですよ。聞きたくないんですよ。でもそれが違う店の親父さんにおんなじこと言われるとすんなり聞いて、やっぱりあの親父さんは違うってなるんです。そこらへんがね銀座の裏社会っていいますかね、みんなで仲良く、いい意味で仲良く切磋琢磨しているんですよ。寿司屋だって800店あるんですから、その中で生き抜いていくのは大変なんですから。でも、お互い助け合いながら叱咤激励しながら続いているのが銀座の良さですし、接客するオーナーが3割になってしまいましたけれど、そういうぬくもりをなんとか失わないようにしていきたいですね。みなさんのご指導や良いお仕事等をいただきながら、まぁオリンピックのころにはもうちょっと、違った顔をお見せできるようになっていたいなと思います。

全くビジネススクールに似合わないお話をさせていただいて恐縮でございます。ありがとうございました。（拍手）

（注）茂登山長市郎さんは2017年12月、お亡くなりになりました。享年96歳。ご冥福をお祈りいたします。

質疑応答

【司会（長沢）】 当初のお時間はすでに過ぎていますが、渡辺さん、質問よろしいでしょうか？

【渡辺】 もちろん。

【司会（長沢）】 質問は？ はい！ 例によってお名前を言ってからお願いします。

【質問者1（和田）】 和田と申します。本日は大変参考になるお話をどうもありがとうございました。

【渡辺】 絶対参考にしちゃだめですよ（笑）。

【質問者1（和田）】 私の口座の中には今、後期の授業料が入っておりましてですね、これでもってスーツをしつらえたいなと思っておりましたけれど…（笑）。すみません、一点ご質問なんですけれど、今現在フルオーダーはほぼ御社のみというようなお話が冒頭にございましたけれど。

【渡辺】 この規模での専業がですね。

【質問者1（和田）】　ああ専業。なるほど。これは専業でいうと以前はもっとたくさんあったんだろうなと思うんですけれども。それがどんどん他店がたたんでいって今現在は御社だけが残ってらっしゃるっていう、ここの差はなんなのかっていうことをちょっと知りたく思います。

【渡辺】　ダウンサイジングだけだと思います。20年前に激変が起こるわけですよね。そのときだいたい日本中に1600店あったんですね、フルオーダーのお店が。どんどん半減半減で、なくなっていっちゃったんですね。それでどうしたらいいかわかんないじゃないですか。でまぁ友達がいろいろいますので、そのとき八幡さんって友達が、彼はファンドマネージャーをやっていて先行きのことがよくわかっている人なんですよ。企業の、世の中の投資のことを。「で、どうしたらいいと思う？」「いやそりゃぁ簡単、ダウンサイジングしかないでしょ」っていうことで、固定費を落としてやるしかないでしょっていうだけのことですよ。でかいサイズでやっていたら、うちみたいなところは到底やっていけないと思うんで、とにかく固定費を減らすっていうことをずーっと20年間やってきて、だから結構、しょぼいんですよ。固定費安くて、なんかいいんですけれど。全部自分でやんなきゃいけないわけじゃないですか。本当に朝の雑巾がけから全部やるとなると、俺は大学出て、なんでこんなことやっているんだろう？って思う瞬間もあるんですけれども、じゃないと固定費減らないんですよね。

でもそういった時に、同級生に食品会社の社長がいて、彼がですね「うらやましい会社があるんだよー」って言うんですよ。大社長がうらやましい会社ってなんなの？って聞いたら、唐辛子屋さんだって言うんですよね。七味だか一味だか知らないですけれど。売上3億しかないんだけれど、利益が2億出ているっていうんですよね。うちはこういう会社をやりたいって。がーんって。すごいサイズの上場企業の社長ですら、そういう見方もあるんだなって思って、これをみて、男としてはなんか事業規模ってのはすごい魅力に映るじゃないですか。それをちょっと捨てて、違う見方があるんだなって思うようになるには相当時間がかかりますよ。

ITバブルだなんだっていって、同級生がバンバン上場していって大金持ちになるのが周りにいっぱいいるなかで、なんで雑巾がけやっているんだろうっていう、価値観の調整に時間がかかりますけれど。だからこそ、お客様に直接いただけるお話が、一つの方向性になったのではないかなって思いますけれど。

【質問者1（和田）】 たとえばダウンサイジングをすることでお客さんとの距離が近く

なって、まぁその経験価値っていいますかね、よりお客様と感情を共有するとか、一緒の体験をするとかっていうことでリテンションにつながっていくっていうことはやっぱりメリットになるんでしょうか?

【渡辺】 結果的にですよね。触れなかったですけれども、銀座壹番館に限らず日本中どこもそうだと思いますけれど、Eコマースとの戦いだと思うんですよ。そんな従業員大量に雇って高い場所でそれだけ固定費かけてですね。ネットのビジネスに勝てるわけないいんですよ。アマゾンとどうやって勝負するんですかって言われちゃうと、よっぽどアマゾンが持ってない価値を作るしかないわけですよね。となるとライブしかない。ミュージシャンも最近すごく悩んでいるんですよ。どんどんCDが売れなくなっちゃって、違法ダウンロードで、以前は何百万枚売れていたものがあららららって話になった時に、ライブのプライスの高騰です。アリーナ席十万円みたいに、えー外タレってこんなに高くなっちゃったのって、どんどんどんどんライブに皆シフトしているわけで、銀座も本当、一つのライブハウスみたいになって、ちょっと寿司でも食べに行こうぜではなく、寿司を見に行こうぜみたいな感じで寿司を体験しに行こうぜみたいになれば、それはまた一つの違う価値になるかなーなんて気がしますね。

【質問者1（和田）】　ありがとうございました。

【司会（長沢）】　ほかは？

【質問者2（内田）】　本日はありがとうございました。長沢ゼミの内田と申します。先ほど、専業でやっているテーラーさんはほぼ御社しかなくなって、おそらくですけれど、そういう形ですとビスポークのマーケットはすごく小さくなっていると思うんですね。でも、そうは言っても新しいお客さんを生み続けなければビジネスとしてまずキープができないわけじゃないですか？　マーケットが縮小しているなかで、どのように新しいお客さんを得ようとしてらっしゃるのかとか、新しいお客さんが来るためにはそのビスポークというものの価値をわかってもらわないといけないと思うのですけれども。そういった価値の伝え方というのをどのように工夫されているのか差し支えない範囲で教えていただければ。

【渡辺】　昔はですね、お父上が、大学出る時にお子さんを連れてきてくださったんですね。それでつながっていたんですね。料亭もそうですよ。昔上司が料亭に連れていってくれて遊び方を教えてくれていたんです。料亭での遊び方、チップの渡し方、芸者さんとの話し方。全部教えてくれていたんです。今それが誰も連れて来ないから、そういうところから料亭の数が急速に縮んじゃいましたね。ゼロになることはないでしょうが。ですから、いろんな見方がある。

非常に嫌らしい見方でいえば、どんどんどんどんライバルがいなくなりますので、いやぁ俺の作っていた仕立屋さんは高齢でやめちゃったから、しょうがないからお前のところに来たよなんてお客さんがいて。マーケットがどんどん縮小していくんですけれど。顧客は増えるみたいなことが起きていたり。またはお寿司屋さんみたいなケースをいえば海外のお客さんですよね。今までと全然関係ないところから入ってきたお客さんが増えるし。あとは、ご注文を伺う時に、シングルですか?ダブルですか?センターベースですか?サイドベースですか?みたいな、百貨店のパターンオーダー、イージーオーダー売場でもできるようなことしかやっていなかったものを、もっともっと深いお客さんのニーズに合わせてやっていくということが、ファンというか固定のお客様を生んでいくという、その3つを混ぜながらでしょうか。だからどれか一つが決定打であるってことではない。

【質問者2（内田）】 ありがとうございます。

【司会（長沢）】 はい、ほかは?

【質問者3（川村）】 本日はありがとうございます。長沢ゼミM1の川村と申します。一つお伺いしたいのが、渡辺社長が考えるオリジナリティの出し方について、今までのご経験の中で、何かコツとか、あるいはこういう方がいたとか、もしあればお伺いできればと思います。

【渡辺】 私も全くわかんないんですけれど。たぶんいろんな方にお話を伺ったなかでは捨てることだと思うんですよね。オリジナリティって、足していくものじゃなくて、これはうちはやらないっていうように、やらないものを捨てて、それで残ったものをぎゅーっと深掘りしていく。そうすると虫眼鏡といっしょで、ただの太陽光線がぐっとフォーカスかけるだけで温度が異常に上がって違う現象が起きるじゃないですか。ですから、できるだけ捨てて、フォーカスかけて違うステージに持っていくっていうのも一つのやり方なのかもというふうに思います。

足さないで引いていくみたいな。さっきの5Sと一緒ですよ。どれだけ整理できるか。捨てるだけ捨てて、削ぎ落として。本来ミニマリズムって日本人のオリジナルの考え方のはずなのに、なんかアメリカ人にまねされちゃっていいように儲けられちゃってちょっと悔しいな、なんて。そろそろ日本の中にそういうのがあってもいいと思いますし。お寿司屋さんの普通の本格的なカウンターの握りの横で、ぐるぐるぐるぐる回転していたらいやだと思うんですよね。頭の中のプランニングでは、より幅広い価格層をなんていってね。同じ店のなかに握りと回転寿司が一緒にあったら同じ寿司屋とは言えないっていう話になっちゃうよね。何かを捨てないといけないと思います。

【質問者3（川村）】　ありがとうございます。

【司会（長沢）】　熱弁をふるっていただいて時間も超過しておりますが、いつも社長さん方にお聞きする質問があります。壹番館洋服店の「らしさ」ってなんでしょうか？

【渡辺】　「らしさ」ですか。「らしさ」っていえば現場じゃないですか。

【司会（長沢）】　それはお客様が体験する？

【渡辺】　お客様にとってもそうですし、われわれにとっても目の前に現物があって、現場があって、仮縫いを見ていただいて目の前に現実があって、あー俺の裁断全然合ってない、ってね。もしくはこのシルエット全然気に入っていただけてないっていうのが目の前でわかるんですよね。紙の上ではなくて、現場現実現物を目の前で突きつけられる。料理屋の旦那がおっしゃるように、「料理屋と屏風は広げすぎると倒れる」。やっぱり現場の仕事はそうそう広げられないでしょ？　生業ですから。われわれもそこに集中する。くわだて業は全国展開、全世界展開してかまわないんですけれど。現場にこだわり続けるっていうことですね。

【司会（長沢）】 もう一つあるんですけれど。ライバル、商売敵といいますか、たとえばお店の前にはブリオーニ〔Brioni〕というイタリアのブランドがありますし、あるいは一方でスーツといえばですね、安いチェーン店なんかがありますよね。どちらがライバルあるいは商売敵なんでしょうか。それとも別次元とお考えでしょうか。

【渡辺】 商売敵といいますか、目標は「すし幸」なんですよ。あれだけのものづくりはできないんで。同業はねー、いろいろ考え方もあります。360円時代と比べると、3分の1なわけじゃないですか。昔90万円で売らなきゃいけなかったものが今30万円で売れる。為替って怖いですよね。そういう意味でも、本当に自由な競争の中でファッションは飲み込まれちゃっているので。プラザ合意以降、怖い。すぐ円高になるわけですよね。今までは国内戦だったのが、ボクシングでいうと、いきなり外人ボクサーとバンバン打ち合わなきゃいけないんで怖いですよね。ものすごいパンチ来るしものすごい速いし。だからこそ特殊な彼らもまねできないような必殺パンチを編み出すしか、生き残る術がない、ということですよね。

【司会（長沢）】 自由化が進み、ドーメル〔Dormeuil〕の生地とかが安く仕入れられて、御社にとってはいいんでしょうか？　それともライバルの欧州ラグジュアリーブランドが安くなるからやりにくくなるんでしょうか？

【渡辺】　どうなんでしょうか。関税よりもやっぱり為替だと思いますけれどね。まぁ、ぼくは経済学者じゃないんでTPPが20年後にどういうことになっちゃっているのかわかりませんし、そういうのは専門の方にお任せして。ただ激変は明らかなんだろうなって感じますよね。なるべくスキーといっしょで、怖いんだけれど谷の方向を向いて、膝をこうぐっと入れてですね、のけぞらないようにしながら、行くしかないなとは思いますけれど。

【司会（長沢）】　はい、ありがとうございました。結局30分超過して熱弁をふるっていただきました。では最後にもう一度盛大な拍手を！（拍手）

3

銀座ミツバチプロジェクト
――こだわりと物語を売る

ゲスト講師：NPO法人　銀座ミツバチプロジェクト　理事長・代表世話人　田中淳夫氏
開催形態：株式会社アルビオン寄附講座「感性マーケティング論」〈第13回〉
日　時：2013年11月11日
会　場：早稲田大学早稲田キャンパス11号館
対　象：WBS受講生

銀座ミツバチプロジェクト

2006年春、銀座の周辺で働く有志たちが集まり、ビル屋上でミツバチを飼うプロジェクトがスタート。養蜂を通して、都市と自然環境との共生を目指す。採れたハチミツは、銀座の一流の技でお菓子や化粧品などに商品化され話題となる。2007年より銀座の屋上に「ビーガーデン」と称する屋上菜園を1,000㎡を越えて展開し、最近は芋を植えて焼酎を作り2016年グッドデザイン賞を受賞した。都心繁華街で地産地消が実現し、世界からも注目を集め、年間1,000人を超える視察が相次ぐ。ファームエイド銀座で全国の地域とつながり、地域活性化の支援なども積極的に行っている。

〒104-0061　東京都中央区銀座3-9-11　紙パルプ会館内

田中淳夫《たなかあつお》　略歴

1957年、東京生まれ。1979年、(株)紙パルプ会館に入社。現在、(株)紙パルプ会館専務取締役。2006年 3 月、「銀座ミツバチプロジェクト」を高安和夫氏と共同で立ち上げ、2007年、特定非営利活動法人の認証を受け、現在、NPO 法人銀座ミツバチプロジェクト理事長。2010年、農業生産法人(株)銀座ミツバチ代表に就任。

著書に『銀座ミツバチ物語』『銀座ミツバチ物語 part 2』(時事通信社)、共著に『銀座・ひとと花とミツバチと』(CMEコデックス)、『新銀座学』(さんこう社)。

【司会（染谷）】　ゲストの田中淳夫さんは、銀座3丁目の紙パルプ会館の専務取締役ですが、おそらく今日の講義の中でいろいろお話が出るかと思いますけれども、ひょんなことから、紙パルプ会館の屋上でミツバチを飼い始めるというところから始まります。ですので、今日は銀座ミツバチプロジェクト理事長および代表世話人という肩書でお越しいただきました。そのほかにも、農業生産法人株式会社銀座ミツバチも設立されまして、その代表取締役もお務めです。それでは田中さん、よろしくお願いいたします。

なぜ、銀座でミツバチを飼ったのか？

【田中代表】　よろしくお願いいたします。染谷さん、アルビオンの皆さんに私たちのハチミツを使った化粧品を作っていただいたご縁で、銀座ビーガーデンと称する屋上緑化に毎週火曜日、社員の皆さんが草取りをする等ご協力が広がっています。大変お世話になっておりますので馳せ参じたわけです。ただ当初、アルビオン社が作る高級化粧品のブランドづくりにはどこまで合うのかわかりませんでした。実際にはアルビオンの小林会長を訪ねて、日ごろから当社の会議室などをよくご利用いただいていたので、そのお礼とテナントとしてご入居いただけませんかと、相談に行ったことが事の始まりでした。

そうしたら、ミツバチの話に花が咲いて、会長をはじめ皆様が見学に訪ねてこられて、そこから急にハチミツを使った化粧品の話が持ち上がりました。ですから、全く意図していない形でご縁が始まったのです。またテナントが空くようなことがありましたらぜひ、当社をよろしくお願いいたします（笑）。

2006年の3月から銀座でミツバチを飼い始め、今年で12年目になりました（写真1、2）。さまざまな出来事がありましたが、ここにきて、さらに違った展開が始まりましたので、そんなところもお話しさせていただければ幸いです。

私は紙パルプ会館の建物の責任者と、併せて会議室の運営もしております。ちょうど93年バブル終焉の頃、20年以上前ですか、当社の建て直しをいたしました。皆さん覚えてらっしゃるか、若い方はご存じないと思いますが、当時の借入金利が7～8％。大成建設にお願いして3年間かけて作った建物が65億から金利が膨らみ、トータルで86億にまでなってしまった。期間中、移転先のテナント家賃の差額分も含めて払ったものですから、大きく

写真1、2　屋上での養蜂作業

シーズン中は、週に4日ほど屋上で作業を行う。病気がなくて健康か、蜜が貯まっているか、チェックする

膨らんでしまいました。今後どうやって返すんだ、ということが当社の大問題になってしまいました。私がちょうど35歳の血気盛んな頃でしたが、上司からは「もう何も余計なことはするな！」ということになり、とにかく定年まで借金を返済するだけだとなってしまいました。当時は、右肩上がりで物価も家賃もすべてが上がっていくと思われていたものが、ある時を境にパラダイムシフトが起きて突然右肩下がりになり、その後はご承知のとおり銀行まで潰れる、いわゆるバブルの崩壊が起きたのです。

そんななか、当社は会議室を運営しているので、空いている時間帯を埋めるべく、さまざまな方々に銀座から情報を発信していただこうと、若手経営者の集まる異業種交流会、官僚や社会人たちと政策を学ぶ勉強会、「老病死」を考える医療福祉関係の勉強会、スイーツをひたすら食べて意見交換会をする「東京スイーツクラブ」などと変わった会もありますが、私自身が主宰する「銀座の街研究会」など、多種多様な方々に利用いただくようになりました。

その一つ、「銀座食学塾」という食を学ぶ会も盛んになりました。有機農業に挑戦する生産者や珍しい取組みをする流通の方、個性的なシェフなどを呼んで話を聞いて、その後は美味しいものを食べる交流会を開催していたのですが、この会で次の講師候補として岩手県の養蜂家・藤原誠太さんの話が出てきました。紹介する方が、藤原さんがビルの屋上で養蜂できないか探しているというのです。私は「街中でミツバチなんか飼ったら危ないんじゃない？」と答えたら、急にミツバチの説明が始まりました。

ミツバチは卵から羽化するまで21日、生まれて3日間くらいはお掃除係として働き、その後、蜜と花粉を幼虫に与える育児係を2週間、さらに若蜂は蜜を吸ってお腹から蝋を出して口に入れて巣作りをします。誰かに教わらなくても、触角のサイズで正確に六角形のハニカム構造の空間を作るのです。また、ロイヤルゼリーを出して女王蜂のお世話をしたりして、20日くらいまで門番をしながら飛ぶ練習をします。こうしてしっかりと巣箱の位置などを記憶します。ここまでが人間でいえば人事総務の内勤をして、その後は営業職となります。営業として外に出ると、すべて自らの判断で行動しなければなりません。いきなり鳥に襲われたり、花の近くに行くと蜘蛛の巣があったり、ゲリラ豪雨で帰れなくなったりと、外はさまざまな危険が待っています。

銀座では、初夏になるとツバメのつがいが何度も往復して食べに来て、そのまま百貨店の谷間にスーッと降りていきます。女王蜂が結婚式へ飛び立った時に食われたら、巣が崩壊してしまいます。最初は「コンチクショー！」と怒っていたら、銀座のツバメたちは目と鼻の先の百貨店の駐車場に巣を作っていて、巣の中ではたくさんの雛たちがピーピー泣きながら親を待っている姿を見ました。それからは、これも命の巡りかと諦めました。この10年以上、たくさんのツバメの親子が巣立って行きました。先日はヒヨドリに似た大きな鳥が、巣箱の入り口に口をつけて出てくる蜂たちをそのまま食べている姿にはビックリでした。

ミツバチたちは、こうした危険も顧みず子育てのために朝から蜜や花粉を一心に集めて一日に何度も往復します。およそ10日から2週間ほどで羽もボロボロになり死んでいきます。こうしたひと月程度の短い命なので、次の世代へ命をつながなければなりません。ですから、一日40万人が集まるといわれる銀座の街でも人を構っている時間がない。目の前に花がなければミツバチと出会わないというのです。それならば、その養蜂家に屋上を貸してあげてもいいよ！場所代としてハチミツがもらえるのでしょう?と答えたのです。

しばらくして、養蜂家の藤原誠太さんが屋上を訪ねてきました。藤原さんは場所を見て「銀座で飼うならばしっかりと学んで、途中でやめたりしないようにね！」と言うではないですか。冗談じゃない。「あなたに貸してあげるというのに、何で私が飼うことになるのか」となって、これが二転三転して飼うことになってしまったのです。

銀座の屋上でミツバチ飼ってみようか、と社員に相談すると、「銀座でミツバチなんか飼うようなばかなこと、やめてくださいよ」「部屋に一匹でもハチが入ったらどうするんですか」と反対ばかり。先ほどもお話ししたようにホールや会議室も運営しているので、海外ブランドのイベントや宝飾のセール、着物の展示会、株主総会などご利用いただいています。「危なくないようにするし、何か問題があればすぐにやめるから」と伝えたら、「それじゃあ、テナントの皆さんにも説明してください」と言われたので、一念発起してテナントさんに伝えに行ったら「あんた、ここは銀座だよ！」「いったいどこに花があるのか？」「大家さんからいただいている規則に、犬や猫を飼っちゃいけないって書いてあるのに、大家さんはミツバチ飼っていいのか」…等、いろいろ言われました。

私は京橋消防署の役員をしているので、消防署へ説明に、また、銀座通連合会や中央区の公園緑地課、副区長さんのところへも挨拶に出向きました。ある老舗の社長から翌年聞いたのですが、百貨店の会長が「誰があいつを止めるんだ」と言っていた話も懐かしく思います。

しかし、銀座の面白いところは、街の多くの方々が応援してくれるのです。ある老舗の会長から、銀座の街には昔から奇想天外なことをやらかす輩が出てくるが、街はそういったものをまずは受け止めて、街にふさわしいかどうか見極める。街にそぐわない場合は銀座フィルターがあって消えていくが、街に合うものや沿うものは残っていくと聞いたことがありました。ですから、「あの時、銀座でミツバチが飛んだよね!」で終わらないために続ける方法を考えてきたら、今の形になってきたのです。

当時、夢中で始めたのが2006年3月28日。ちょうど桜の開花とともにミツバチの巣箱がやって来ました。

セイヨウミツバチ3群で始めました。ミツバチは、燻煙器で煙をパフパフやるとおとなしくなる。ミツバチは安全ですと言っているのに、顔を刺されて腫らしていたらおかしいので網帽子はするのですが、私たち全員素手でやってます。素手で作業をしていてもほとんど刺されることはありません。取り出した蜜枠は蜂を振り落として遠心分離機にかけます。ガラガラ回すと屋上にたちまち花の香りが広がります。丸の内の高層ビルや黒いビルはシャネル、向かい側がブルガリなど背景に見えますが、こうした場所でハチミツが採れたらメディアが驚いちゃったんですね。当時は東京タワーや汐留、六本木の高層ビルなどが正面によく見えました。最近は目の前にホテルや三越等の大きな建物ができましたので、東京タワーは見えなくなっちゃいました。

もうすでに銀座は、オリンピックへ向かってスイッチが入っています。今後起こるであろう震災への対策もありますが、インバウンドへの盛り上がりで開発がどんどん加速されているように思います。一つの例がホテルで、2020年までに銀座内に20軒できると聞いています。まだまだ銀座の街は変化し続けるだろうと思います。

ミツバチを飼うにあたり、社員に向かって「今日から君が養蜂係だから、ミツバチ一生懸命やりなさい」なんて命令したら虫嫌いな社員にはパワハラになってしまいますので、まず自分から、さらに銀座の街や食を学んでいた仲間たちに声をかけて集まったのが、『銀座ミツバチプロジェクト』です。

最初の年は、養蜂家の藤原さんに指導いただきましたが、2年目からは習得して自分たちで作業をしています。毎週土曜日の朝に多くのメンバーが集まって作業をお手伝いしていただきます。本来であれば機械設備ばかりある屋上に、しかも夏の暑い最中に集まって、「ハニーフラッシュ！」なんて言って写真撮りあうことなどあり得ない話です。ミツバチたちがいるから人が集まってくるのです。さらに、ハチミツを使いたいなら一緒に採りましょうよということで、レストランのシェフ、パティシエ、バーテンダー、さらにはクラブのママさんたちも集まるようになりました。世代を超えて、職業を超えて、コミュニティがどんどんつながっていきました。銀座にミツバチがいるからこそ誕生したコミュニティなのです。

銀座周辺の環境を知る

世界的にミツバチがいなくなっているという現象はお聞きおよびでしょうか。日本でもコメどころでは、どうしても夏場のカメムシ対策に農薬を使うので、ミツバチが飼えないと聞きます。一方で、都会はアレルギーの人々が増えているので、行政もできるだけ農薬などを使わないで対応していると聞いています。

中央区でもできる範囲は手作業で処置すると伺いましたし、皇居は天皇陛下の御意思で、在来種の生き物を守るために農薬を使わないで管理していると聞きました。ミツバチは環境指標の生き物です。こうした指標のバロメーターとなる生き物が元気に暮らせることが、私たち都会人にとっても安全のしるしなのかもしれません。

そもそも銀座周辺に、蜜源となる木々や花があるのかとよく問われます。私たちも当初飼ってみなければわからなかったのですが、今ではミツバチを通して近隣の環境がよくわかるようになりました。

銀座から南に1・2kmの汐留の隣に浜離宮があります。春には菜の花30万本、秋はキバナコスモスが花を咲かせます。ここまでミツバチはおよそ5分ほどで飛んで行けます。西に1・5km行くと皇居や日比谷公園があります。ここまでおよそ7分ほどです。

公園以外でも、霞が関の農水省前の街路樹はすべてトチノキです。山の中に数本単位であるのでなく、街路樹ですから数百本が一斉に咲き誇ります。さらに皇居の内堀通りにはユリノキという高木の街路樹があり、この木々がチューリップのような花を咲かせる頃には1週間で100kg以上蜜が採れ始めます。銀座の街中でもマロニエ通りはマロニエ、並木通りはリンデン。夏にはエンジュの街路樹がたくさんの花をつけるのです。海外の高級ブランドが並ぶ、貸し坪単価20万円以上するプラチナ通りで、まさに農業をするのです。

ミツバチが飛ぶ行動範囲は3km四方ほどといわれていますが、2kmも行かなくても足元にさまざまな蜜源があったのです。こうして、週替わりに味も色も香りも違うさまざまな種類のハチミツが採れたのです。

その後、私たちは2010年3月28日（ミツバチの日）に農業生産法人・株式会社銀座ミツバチを設立しました。資本金は３２８（ミツバチ）万円というこだわりの会社です。養蜂は畜産なので私たちは銀座で農家になったということです。２０１３年、初めて１０００kgを超えました。国内生産量が２８００トン前後ですから、なんと０・04％の蜂蜜が銀座で採れたんですね。１gにも満たないミツバチたちがお腹に体重の半分ほどの花蜜を入れて何往復もして1トン採れるんです。まさに銀座周辺の環境とミツバチたちの命が凝縮しているといえるでしょう。

銀座産ハチミツを生かして商品づくり

私たちは有償で皆さんに購入していただきます。それも結構なお値段でです。以前ネットで「高額で売りつけるボッタクリＮＰＯ」などと揶揄されたことがありますが、こうして採れる貴重なハチミツは、銀座の街でさまざまな技で商品にしていただきました。遊び心のある皆さんですから、また地域のためになるという発想から、松屋デパートでは老舗の文明堂のハニーカステラ、キャンティがチリージアア、あけぼのは大福など、資生堂パーラーではフレンチトースト、名だたるバーではハニーハイボール等、いろいろな商品が誕生しました。

当初は春先の季節商品となっていましたが、年数を重ねていくうちにお盆の頃や年末に売上が増えていきました。帰省される方々に銀座土産として買っていただけるんですね。クリスマスの季節には、松屋デパートでハチミツ入りクリスマスケーキが大人気です。バレンタインも、ハチミツ入りのチョコレートが他と差別化を生みます。こうしてだんだん銀座のお土産として定着してきて、時には年度末の学校の卒業式のお祝いや企業の創業の周年事業など、ハレのお使い物に使われるようになってきたのです。こうなってくると、せっかく地方からわざわざ購入に来られたのに、ハチミツがなくて商品が売り切れとなると、お店の販売する方々も申し訳ないとなり、当初の「オヤジの遊び」的ものから今では「安定供給」が求められるようになり、この10年で役割が変わり驚いております。

サッポロビールには、「ミツバチが取ってくる花の酵母でビールを作りませんか？」という提案をしました。役員の方は黒ラベルやヱビスなど味は変えられないと言っていましたが、途中から面白そうなのでミツバチが運ぶ酵母からビールを作ってみましょうか、となりました。

そこで、春先から初夏までのシーズン中は2週間に一度、静岡県焼津の研究所から研究員の方が見えて、ミツバチの検体を取って帰られました。1年目は採れませんでした。サッポロさんには余計なこと言ってとても迷惑かけたなと思ったんですけど、酵母博士でもある渡専務が2年目もやるとおっしゃって、翌年も続けていただきました。今年も駄目だったかなと思っていたら、「ビールに合う酵母が発見できました！」と連絡いただきました。そうして誕生したのが琥珀色のヨーロッパタイプの「銀座ブラウン」です。この名前を見た瞬間にすぐわかりました。サッポロさんらしいなと思ったのは、「銀ブラをしながら、銀ブラを飲む」。やっぱり銀座に本社を構えていたので、銀座の街に格別の想いがあるということが理解できました。

すでに醸造学会で世界初、ミツバチから取ったビールの酵母ということで発表していただいて、特許として知財関係も申請していただきました。毎年、インターネットでBtoCの形式で販売していただいていますが、ぜひ皆さんにも銀座の環境のために、ちょっと肝臓悪くなってもどんどん飲んでいただきたいなと思います。

銀座のハチミツが大きく話題になりましたが、ハチミツだけでなく蜜ろう、ワックスも採れます。この蜜ろうもアルビオン社で商品に使用していただいておりますが、銀座教会ではクリスマスの燭火礼拝で聖壇と呼ばれる牧師が立たれる両脇を灯していただきます。松屋では、蜜ろうを有名な山形県の職人の方に送り、キャンドルを作ります。ケーキを食べる一番幸せなときだけども、そのケーキを食べられない子どもたちに寄付をするという活動もしております。

「銀座の街研究会」を主宰してきて銀座の街の歴史を学んでいたこともあり、消費するだけの銀座の街で天然のハチミツが採れたので、ぜひ銀座の技で形にしてほしいとお願いしました。もともと銀座は江戸時代から徳川家康が正確に町割りして、その中に職人たちを住まわせてきました。それが明治になって一斉に西洋の服や靴、帽子に鞄、さらには洋食など、さまざまなものが入ってきても、銀座の職人たちがそれを受けて形にしてきました。日本全国で「○○銀座」と名のつく商店街が多いですが、西洋への憧れを銀座という街を通して見てきたからといえるでしょう。

先ほどもお話ししましたように、アルビオンさんには、ハチミツを使った商品も開発していただきました。知りませんでしたが、食品で使う場合より化粧品に入れるほうがはるかに厳しい基準で検査されます。多くの手間暇かけてイグニスブランドの一商品として誕生しました。私たちの活動から、基本的に銀座で採れたハチミツは、銀座に来なければ購入できないというスタイルにしてきました。しかし、アルビオンさんでは全国の化粧品専門店で販売することになりますので、そのために多くの方々がこの活動を知って説明できなければならないと、直に体験するために、大勢の皆さんに屋上へお手伝いに来ていただきました。今まで徹底的に素材にこだわる商品を作ってきましたが、「銀ぱち」商品は、どちらかというと環境へのメッセージやミツバチのストーリーを売る新しい商品展開となったように思います。

ミツバチを生かした環境教育

私たちの活動がメディアなどで紹介されるたびに、子供たちへもミツバチの話をしてほしいという要望が増えてきました。地元の保育園や幼稚園など、あちこちから相談を受けて、環境教育に出かけるようになりました（写真3）。ミツバチたちがたくさんついている巣枠をガラスケースの観察箱に入れて各施設を回ります。さらには小学校や中学校にまで増えて、多い時は年間１０００人ほどの子供たちに環境教育をしてきました。

写真3　出前授業の様子（島根県美郷町）

銀座中学校では、授業の一環として私たちがお手伝いをして、すでにミツバチを飼っていただいています。都心の子供たちは、マンションなどに住んでいて普段虫を見る機会がありませんから、虫を見たら殺虫剤などで殺さなければ、と思っていたそうですが、小さな昆虫が受粉して私たちの食べ物を作ったり、木々の実が付いてそれを鳥などさまざまな生き物が食べる様子などを伝えると、子供たちの視界がどんどん広がります。そして、花を植えましょうと呼びかけて、小さな花が咲くとすぐにミツバチたちがやってきます。とても身近なわかりやすいテーマで語りかけることができるのです。環境というと、アフリカのゾウや北極のシロクマなど、遠い存在の話になりがちですが、こうした身の回りにある命の環境教育も必要だと感じております。

さらに、私はよく地方へ養蜂指導に伺う機会があります。それも、羽田から飛行機に乗ってさらに車で2～3時間も揺られて島根などの山奥に呼ばれます。楽しみにしてくださる地域の高齢者の皆さんと巣箱づくりなどしていると、なぜ税金使って遊び事しているのか?などと言われることがあるので、翌日は必ず地元の保育園や小学校、中学校などで環境教育をしてきました。

そうすると親御さんも聞いていただけるし、地元のメディアも取材に来てくれます。ある時は、夕方のＮＨＫニュースなどで子供たちが「ハチミツが甘かった！」などと出演したら、たちまち地元の大人たちが、銀ぱちは良いことしているとなりました。皆さんも地域を攻めるときは、まず子供から進めるといいですよ。

銀座から地方へ

私たちの活動や役割が3つあります。自然とかけ離れたイメージの繁華街ですが、先ほどお話ししましたように、ミツバチを通して銀座の街の活性化と、人と生き物、自然との共生をメッセージとして発信すること。2つ目が「ファームエイド銀座」と称する地域の生産者と都会の消費者が顔の見える関係をつくり、交流し合える場づくりとして、マルシェ、メッセ、そして地域のさまざまな課題を話し合うフォーラムなどを、年数回開催しております。これも、すでに10年を超えました。

最初は、珍しいからと毎日見学者が訪ねてくるようになりました。こうなると私も仕事ができないので、一堂に集めて見学会をしようとなり、それならば子供たちにミツバチの絵を描いてもらいたいし、ジャズなどの歌を歌ってもらいたい、地域の生産者たちを呼んでマルシェなど物販をして、ついでに地域の宝を語って帰ってもらおう…などといろいろな企画を盛りだくさんでやってみたら、いきなり30万円の赤字となりました。懲りてやめるという選択肢がなくて、俄然張り切り、合わせて年6回も開催してしまいました。参加するメンバーも呆れて、これでは仕事にならないので、年に数回に限ってやりましょうと、年に2回~3回ほどの今のスタイルになりました。

このファームエイド銀座のおかげで、全国の中でも限界集落といわれるようなさまざまな課題を持った地域とご縁が広がりました。その中の一つ、岡山県の山奥にある新庄村は人口が1000人の村です。最近は立て続けに高齢者の方々が亡くなり、900人となりました。以前から子供たちは幼稚園から中学まで一緒で、かつては中学になると役場の傍の寄宿舎で暮らしていたそうです。運動会も年寄から子供たちまで村一体となって開催してきました。

この村には高校がありません。ですから、高校生になると村から離れなければなりません。その後は仕事がないので、大人になっても帰れない故郷となってしまいます。そこで高冷地の寒暖を活かしてもち米を生産して、通常の米よりも高く買い上げて餅を作るようになりました。今では2か所の加工場に働く場ができて、関西を中心に全国に出荷しています。毎年暮れには「餅つき隊」が結成されて、4人チームで小気味よく掛け声をかけて水を使わずに一気につき上げます。町のスーパーやホテルなどでパフォーマンスのように餅をつく様子が人々を喜ばせるようになり、一躍新庄村の餅は有名になりました。銀座でも道行く人々の間で人気となって、多くの人だかりができるようになりました。

餅で地域を元気にしようと、がんばっている皆さんを傍らで見ていると、さまざまなことを感じます。その後、当ビルに東京新庄応援隊が結成されて、杵と臼を置いていってしまいました。次からは、身軽に来て当ビルから杵と臼を運んでいきます。つき手がいないときは、法被を着せられて私自身もつかされることがあります。ある時はホテルオークラで岡山県人会に呼ばれて、知事の前で餅をついていたら、ある知り合いの社長から「よう！田中さんは岡山県人だったんだ!!」と喜ばれました。私は実は東京出身だとは言えませんでした…。

こういう関係が今、全国津々浦々にできてきました。東は北海道、秋田県、被災地岩手県、宮城県、福島県等から西は九州大分県や熊本県、そして沖縄県…等、全国さまざまな地域が毎々美味しいものを携えてやってきます。

この企画には毎回多数のボランティアが参加してくださって、警備や出展者の中に入り販売してくれます。当然、屋上のミツバチ見学会も毎回開催して、多くの見学者が来てくれます。早稲田大学の学生の皆さんはじめ、さまざまな大学が、ゼミ活動の一環で参加してくれる機会が増えて、毎回多くの学生たちが応援に入ります。

驚いたことに、こうした学生たちの多くが、銀座は初めて来たというではないですか。もしかしたら、銀座の街が抱えている一つの課題なのかもしれないと感じております。将来、こうした学生たちも銀座を好きになっていただかないと、大人になってもこの街に良い思い出が残らないと思います。大人ばかりでなく、若い世代も興味を持って集まる街として、おもねるのでなく常にオープンに存在するようにすべきかと考えます。

アルビオンの案内で秋田県と縁が広がる

実は、秋田県とのご縁はアルビオンさんからでした。化粧品会社として、世界遺産になった白神山地のきれいな水を求めて県北の藤里町へ行きつきました。その研究所は、元は三角お屋根の可愛い保育園でした。少子化で閉園となり、取り壊し寸前のこの施設を研究所として、畑ではヨモギなどを栽培していました。地元の皆さんは、ヨモギなんてその辺にいっぱい咲いているのに何でそんなもの?という感じでしたが、イグニスの人気の商品はヨモギエキスが入っているそうです。また、現在甘草などの薬草の多くは中国からの輸入に頼っていますが、中国が将来は自国消費が伸びて輸出しなくなるかもしれないと、自社農場も視野に入れて動かれていたのです。町役場を訪れても、副町長が「この町には何もないから…」と言うではないですか。コメ農家で働き盛りの生産者も、米価が下がり続けて「もう子供には継がせられない。自分の代で農家は終わりだ…」と悲しげに話していたのが印象的です。

こうした農業参入に興味を持ったのが、秋田県庁元気ムラ支援室の皆さんです。この皆さんは知事直轄の部隊で、市町村を超えて直接、集落の皆さんの活動を支援する組織です。この元気ムラがアルビオンさんを通して、銀座ミツバチに興味を持つようになりました。そこで集落の皆さんがファームエイド銀座に出店したり、地域食材を食べる交流会が毎年開催されて、なまはげが登場するなど顔の見える関係づくりができてきました。この数年は行き止まりの限界集落に招かれて、現地でさまざまな農作業体験をして、夜は集落の皆さんの手料理と地酒で大交流会を開催する双方の関係づくりに発展しました。

その一つが由利本荘市三ツ方森集落です。ここの集落は鳥海山が真正面に見える山頂ですが、江戸時代から隣の藩の往来を見張るために5軒入植しました。そして今でも5軒存在しています。しかし、私が最初に訪ねたときは9人でしたが、今は6人となりました。

この集落でたまたま80過ぎのお婆さんが、昔はよく食べたネバナ餅（ワラビ粉）を食べたいとの一言で、ワラビの根を掘って粉にする作業を始めたのです。会長の猪股保さん曰く、最初はバカなこと始めたと思われないように、小屋で隠れて作業していたと笑いながら話してくれました。春に山焼きして、秋に根を手作業で掘って、砕いて何度も水にさらします。10数回水にさらした後、底にうっすらと白い粉が残ります。これがワラビ粉のデンプンです。聞くところ1トン根っ子を掘って50kgしか取れないそうですが、昨年は70kg取れたそうです。私たちもお手伝いしましたが、大変な重労働です。この努力が報われて全量、京都の老舗に引き取られるようになりました。

今では猪股さんご夫妻は県でも有名人になり、多くの人がこの山里へ訪ねてくるようになったそうです。猪股さん夫妻が何よりうれしいのは、最初はバカにしていた息子さんが、孫を連れて夫妻で手伝いに来るようになったことです。何もないと諦めるのでなく、猪股さんのように掘り続けてきたからこそ、見えてくるものがあると思います。

また、もう一つの例として、秋田県の中で一番高齢化が進んだ上小阿仁《かみこあに》村の南沢集落の皆さんが、私たちが到着するとたくさんの秋の恵みを机に並べて、何かに使えないかと尋ねられました。百貨店のバイヤーも一緒でしたが、山栗は小布施や笠間など有名な産地に敵わない、コハゼも他と差別化が難しい…と思案していたら、バイヤーが「この食用ホオズキにしましょう！」と発しました。東京浅草の一大イベントである「ほおずき市」にこの夏、浅草や向島などの老舗とコラボして、和菓子をはじめ、さまざまなホオズキスイーツを出すことになりました。今までホオズキスイーツがなかったとは私も知りませんでした。

この南沢集落は、人口が35人。一番若い人が60代です。子供だけでなく子育て世代もいない、ある意味日本の一番最先端の課題地域です。もし、この地域が元気になればあそこには負けないと思っている他の地域は、「とても悔しい!!」となるのです。今まで静かだった地域が急ににぎやかになる。そんなことを想像すると楽しくなります。何より、集落の皆さんが活き活きすることが、「親父やお袋たちが急に何で？」となると、この集落出身の若い世代の方々が親世代のがんばりに目を向けることになるのです。地域創生が叫ばれていますが、どんな地域でも活き活きと動き出すことで、周りを取り込み渦ができていくのではと願っております。

大館市山田集落の浅利重博会長が、「小学校がなくなったこの行き止まりの集落は、用がないと誰も来ない。もし、自分たちがいなくなっても誰にも気づかれないで消えていく。だったら、この集落に来る用をつくりたい」。飲みながら話しているとこんな本音が出てきます。けれども、しばらくするととても饒舌になり、フランス語のように聞こえてきて意味はどんどん不明になります（笑）。しかし、その思いだけはどんどん伝わるから不思議です。この皆さんの努力する姿に私たちが何ができるか、銀座に帰った後も心に響いているのです。

震災を経て、福島とは未来へ向けた事業へ挑戦

特に福島市では、毎年春先の蜜源として屋上に菜の花を植えてきた縁から、農業生産法人を作ったことで、福島市にたくさんの耕作放棄地があるので貸してあげるから何か作らないか?と言われ、それではと手続きしたら、福島県に初めて農業参入した県外の法人として地元メディアを大きく賑わしました（写真4）。

2010年春に、私の長男夫婦の結婚式を菜の花が咲き誇る畑で開催し、ウェディング

写真４　福島県須賀川市での稲刈り

姿で農業をさせたことが福島の夕方のニュースで大きな話題となりました。この年はジャガイモが2トン近く採れて、ヤマト運輸の関係の障がい者雇用で有名なベーカリーのスワンが買い上げてくれて、安い輸送費で全国の障がい者施設に送っていただき、それぞれの施設が小分けにして販売したり、カレーを作ったりと障がいのある方々の仕事おこしに利用してくれたのです。私たちはソーシャルイノベーションポテトと呼んでいましたが、それもつかの間。２０１１年、福島の農産物で商品開発しようと意気込んでいたら、まさに3月11日、あの震災が起きたのです。

東京も大きく揺れて、当社のシャンデリ

アや天井の一部が落ちたり、上層階の事務所のロッカーが倒れたり、さらには交通機関がストップして大変な影響を受けたのは記憶に新しいと思います。特に海外ブランドのお店等は、翌日から店を閉めて連絡が取れなくなってしまいました。何より驚いたのは、海沿いの地域は津波で大きな被害が出ていることが映像で映し出され、知り合いの地域の方々の安否が気になっていたのですが、まさか原発が爆発して、福島が大変なことになるとは夢にも思いませんでした。

その後、全国のミツバチプロジェクト仲間からさまざまな支援物資が送られましたが、アルビオンさんからも飲料水や食品、さらに基礎化粧品に至るまで、さまざまな物資のご提供をいただきました。そもそも「東京で地震が起きたら、美味しいものがあり温泉もある福島に逃げて来なさいよ！」という趣旨でのお付き合いでしたが、全く逆の関係になってしまいました。銀座のクラブのママさんたちやバーテンダーの皆さんと一緒に、寒い時に学校の床で寝ていた南相馬や浪江町の皆さんを応援するべく、土湯温泉などへ支援に同行いただいたのが昨日のことのようです。未だに放射能の影響は癒えなくて、帰れない地域もあるなかで、常に私たちができることは何なのか考えることが多くなりました。

２０１１年春も過ぎて種まきの季節5月中頃になって、地元から「もう畑で植えるのはやめるかい？」と聞かれました。前の年にあんなに大騒ぎをして農業参入をしたばかりで、また大勢の避難している方々を世話している福島の皆さんから逃げるようで、やめるとはとても言えませんでした。しかし案の定、できたジャガイモを東京の皆さんに積極的に買ってくださいとは言えませんでした。ある方からは、「福島の農産物を扱うなんてテロリストと同じだ！」とも言われました。ここから、心情的に福島の生産者の想いを共にするようになったのです。２０１２年からは、大豆を収穫して味噌にするツアーをして、生産物ができる過程を楽しもうと作戦を変えました。行けば地元の皆さんと飲んで心を通わせます。１・５トンほど味噌ができて、時間はかかりましたが売り切ることができました。

今、新しい挑戦が始まっています。首相公邸で安倍首相の奥様、昭恵夫人の養蜂のお手伝いをしている関係で、公邸でもミツバチのために花を植えましょうと、福島市の菜の花を植えました。当日は福島市から公邸に福島市の小林香市長はじめ土湯温泉の女将《おかみ》さん会等、大勢集まり一緒に植えたのですが、その時に昭恵夫人が、「山口県で作っている酒米を福島県でお酒にしているけれど、いつか逆に福島のお米を山口県でお酒にすることができたらいいですね」とおっしゃいました。そして、小林市長から「田中さん。この企画ぜ

写真５　福島と山口をつないだ酒づくりプロジェクト

ひやりたいから手伝ってほしい」と言われたのです。

そこで、夫人に相談すると、山口県の酒蔵として永山酒造の名前が挙がりました。永山酒造の永山純一郎社長は、一番困っているのは福島の生産者なので、全国の蔵が福島の米を使って酒を醸せば、それが応援になるとおっしゃっていたそうで、夫人はその言葉を覚えていたそうです。

さっそく、連絡を取りあって福島で五百万石の酒米を作ることになりました。５年間休んでいた田んぼを掘り起こし、昭恵夫人と銀ぱち仲間、永山酒造社長に、なんと長州友の会の皆さんが大勢参加してくれました（写真５）。

気になったので、福島の皆さんに「長州友の会の皆さんが大勢来ますが、受けて立ちますか?」と尋ねたら、「受けて立とう!」となりました。五月晴れで吾妻山がしっかり見えるなかで、地元では早朝から準備万端、消防団まで出て警備がされて、市長、JA組合長、県の農林部長、土湯温泉女将さん会や若旦那の会、小売酒販の会、地元中学生たちと多くのメディア、総勢100名を超える一大イベントになってしまいました。市長からは福島市のふるさと納税返礼品にするとビックリ発言です。

中学生たちは、初めての田植えで一人の男の子は田んぼのヌメリが気持ち悪いと入りませんでした。中学生たちは毎日、田園風景のなかを通学していても目に入る耕作放棄地とは無縁で、地域の課題と結びついておりませんでした。住民の多くは、田んぼが最近荒れているね…くらいの感覚だったと思います。今回、よそ者の銀ぱちたちが来て、初めて地元の人々と田んぼとの縁ができたのです。

また、事業を開始する間に、酒米を作ることで行政の応援があるか尋ねたら、県北は飼料米には助成金を出すけれど、酒米には出せないというではありませんか…。生産者の皆さんと居酒屋で飲んでいると、「食べるととっても美味しい米だけれど、餌では作っていても元気出ないよな~」と皆さん溜息でした。今の農業の在り方が、補助金出るものを作るという形式になってしまい、自ら作りたいというものになっていないように思います。

今回はこの金額で買わせていただきますと伝えたので作っていただけましたが、この先私たちが続けるのか心配していたようです。2017年3月に名前は「精一杯」と名付けて3000本発売しました。意味は、精一杯働いた後のお酒が一番美味しい!!という意味でつけました。果たして売れるのか…。

それに先立つ2月5日、「福島県酒を楽しむ夕べ」という福島の酒蔵が競って出品し、お気に入りのお酒を求めて330名が参加する地元大人気のイベントです。この会の乾杯のお酒を「精一杯」としてくれました。そもそも福島の地酒をこよなく愛する皆さんの前で、山口のお酒で乾杯とは、だいぶ刺激的なので、私と永山さんはいかがなものかと心配しておりました。しかし、地元小売酒販の皆様が新しい刺激を与えたいと実施させていただきました。翌日以降、テレビ、新聞、多数のメディアで紹介されて、たくさんの予約注文が入りました。結果的には福島で1200本売れて、山口で800本、銀座で1000本が5月までにほとんど販売できました。

こうなると、次回はどうするとなりますが、永山さんと3・5反歩（35a）から一気に3倍、1町歩（1ha）にして1万本作りましょうと相談しました。今まで様子を見ていた生産者の皆さんが「よし！応援しよう」と増産を引き受けてくれました。また、同じ市内ですが、飯坂温泉の地域の皆さんも酒米を作り、地元の蔵とお酒造りが始まりました。

ある大学の先生から聞いた話ですが、銀ぱちはキワモノでお調子者と言われていたそうです。それは福島の酒米を西の山口まで運賃使ってお酒にすることがおかしい。本来であれば地元福島でお酒にすればよいとおっしゃっていました。しかし、現実は鑑評会で金賞を日本で一番とる福島の蔵の多くが、特定の酵母と西のお米である山田錦でお酒を造っている現実があります。福島の蔵の目の前には耕作されない田んぼが広がっている現実を見てほしいと思いました。

福島県三春町の生産者から感激した旨の手紙をいただきました。また、須賀川の生産者からは以前自分の酒米を使ってほしいと蔵に相談したら、福島の酒米なんて使えない！と言われて、机をひっくり返したかったと電話をいただきました。まだまだ声には出さないけれど、多くの見えない生産者に押されていると感じております。

最近、うれしい知らせが現地から届きました。それは、今後県北は酒米の産地として売り出したい。ついては、一反あたり８０００円の補助金を市が出しましょうとなりました。

地元では、銀ぱちはファーストペンギンと呼ばれています。皆、知識では理解できていても、失敗しても挑戦しようとする姿勢がどの地域でも薄くなっているように思います。仮説を立ててまずやってみる！ということが、この時代でも大切なのかと感じております。

銀座が里山？　ビーガーデンの目指すもの

3つ目の柱が、銀座ビーガーデンと称する屋上緑化です。これは単にハチミツを採るのでなく、ミツバチに必要な蜜源としての花を増やしましょう！と地域の皆さんに呼びかけてきました。中央区も緑被率（緑のカバー率）を上げるための努力をしてきました。中央区は当初7％だったものが9％まで上げてきましたが、狭い区域の半分が道路と河川です。銀座のビルを壊して公園を作るという選択肢はありません。

そこで区としては、屋上緑化を推奨しようと助成金などを用意してきましたが、誕生した後もずっと維持し続けることが苦労の始まりです。私たちは380㎡の結婚式場や250㎡の商業施設などいくつかの屋上緑化を預かっていますが、草取りなどを続けているとどうしても土が減るので補充する土の購入など、なかなかコストという壁で苦労します。

誰も上がらない施設などは屋上緑化しても手が入らず草ボウボウになっています。私は銀座の耕作放棄地と呼んでいますが、せっかく都市に作ったインフラも使われなければもったいないと思い、ファームエイド銀座で縁ができた地域の苗を育てることを始めました。

たとえば新潟市からは初夏に茶豆1500苗を育て、冬には福島市から2000ポットの菜の花の苗をいただき、忘年会と称して新そばもいただきます。驚いたことに震災の年も用意していただき、涙でしょっぱい蕎麦をいただきました。小中学生と育てますが、そこは銀座なので銀座社交料飲組合のクラブのママさんたちに屋上で農作業をお願いしました（写真6）。当初は夜の蝶が農作業なんてしたら溶けちゃうわよ！と言われたりしましたが、その際はぜひお着物でお願いしますと呼びかけました。こうした様子にメディアが飛びつきました。週刊誌の表紙を飾ったり、テレビなどで紹介されたりとにぎやかです。だんだん企画が高度になり、たとえば徳島県阿南市岩浅市長がスダチを収穫して、大分県竹田市首藤市長がカボスを収穫して、屋上でサンマを焼いてスダチをかけるかカボスをかけるか決闘しよう！と、ゆるキャラも登場して大きなイベントとなりました。

こうして商業施設では屋上で育てた地域のフェアを開催したり、ハチミツと合わせた商品開発をしたり、さらには地域の生産者と都市住民の都市農村交流や、ビジネスマッチン

写真６　銀座のクラブのママさんたちも協力して福島の酒米を育てる

グの場となってきたのです。

見向きもしなかった屋上緑化が新しい価値を生み始めました。こうしたなかで、ある時に千葉県神崎町の皆さんが来てたくさん植えていったサツマイモが秋には何十kgも取れてしまいました。管理をしている仲間たちにこの芋1kgを1万円で売ってきてよ～～と頼んだら、売れるわけないでしょう！と返されました。この芋が新しい価値を持って金銭に変えられなければ、いつまで経ってもコストという壁と闘わなければならないじゃないか？と言った覚えがあります。

そんな折、芋のことなど忘れかけていた時に、北海道知床の根元にある標津町から人工腐食土を開発したので売ってほしいと頼まれました。聞くと牛が人口の10倍いて畜産や漁業が盛んな地域です。捨てなければならない牛乳や、ホタテ漁シャケ漁で網に入るヒトデや貝などを産業廃棄物として処理しなければならない。一次産業から出るこうした処理が地域では負担だったそうで、北海道大学や地元企業と組んで人工腐食土という資源に変えたそうです。しかし、私たちが土を売るという一方通行の商売はできないので、こうした地域の努力をお知らせする方法を考えましょうと伝えました。

ここから、「そうだ！芋を育てて焼酎を作ろう！」とひらめいたのです。「誰でもできる芋を屋上で作れば…」こんな話をたまたま福岡県の豊前市後藤元秀市長と飲んだ時に話したら、「私の実家が後藤酒造だ。田中さんの夢を叶えよう！」と言っていただいたのです。さらに、元国税庁で各税務署長などを歴任した税理士の先生が京橋税務署に「銀ぱちは良いことしているから、酒販の小売と卸の免許が取れるように指導をお願いしておいたから…」と言っていただきました。こうして、いきなり芋を育てて焼酎事業をすることになりました。

思い立ったら、さまざまな会合で芋を育てて焼酎を作りましょう!!と呼びかけました。するど面白そうだと松屋・三越のデパートや、結婚式場やホテルなどいくつもの施設が名乗りを上げていただきました。さらに、私の書籍を出版してくれた時事通信社は、西澤社長自ら水やり当番にエントリーして育ててくれました。東京駅の目の前にある工業会の殿堂・日本工業倶楽部や産学連携として千葉商科大学、立教大学、大正大学など。東京のお土産を作ろうと、はとバス本社、世界的な石油タンクなどを作る石井鐵工所、封筒などで有名な山桜、全国展開する医療福祉法人湖山グループ、日本郵政銀座郵便局、第一勧業信用組合本店含む5店舗、城南信用金庫本店など、さまざまな団体が40施設以上、この芋焼酎プロジェクトに協力してくれました（写真7）。

そして、数々の賞をとっているクリエイティブな若手デザイナーの天宅正さん、コピーライターの鎌田健作さんたちと多彩な面々が表現して名付けたのが「銀座芋人」です。芋を育てた人、それを飲んだ人はみんな芋人。街中に芋人が広がるイモジネーションをイマジンする事業です。そして２０１６年グッドデザイン賞を受賞しました。

できた１４００本の「銀座芋人」はものすごい勢いで完売しました。２０１７年は４０００本、２０２０年は1万本を計画しています。将来は10万本にするとうそぶいていますが、何と近畿大学の芋研究で有名な鈴木高広教授と意気投合して、この芋プロジェクトは近畿大学との共同研究事業となりました。将来、10万本にするとなると壁面も緑化して、

写真7　芋を育て焼酎をつくる銀座芋人プロジェクト（熊谷組）

さらに屋上の空調屋外機の上を覆うと熱効率がよくなり、たくさんの面積をメンテするのに障がいがある方々の働く場にする等、まさに社会的課題を緩やかに解決する芋づる式のソリューションとなるだろうと考えております。

東京砂漠が、大いに「銀座芋人」を飲んでいただくことで、ガーデンシティに変化していく様子が見えてきました。オリンピックまでに、日本人が考える支え合いの里山コミュニティが実現し、この考え方を世界へ広められたらと想いは広がります。

12年前に、ひょんな縁から銀座という繁華街でミツバチを飼い始めました。あれから12年目のシーズンが終わろうとしております。老舗の会長が、「銀座という街にはフィルターがあって、街にいいことは残るが、そうでない場合は消えていく」と言っていたことを常に胸にしまい活動してきました。今後も継続できるかわかりません。しかし、海外含む多くの地域でミツバチプロジェクトが広がったことで、見えない責任があると思います。

であるからこそ、今後も社会が向かう方向を見据えて次のシーズンを迎えるべく努力して参りたいと思います。

長時間にわたりご清聴ありがとうございました。（拍手）

質疑応答

【司会（染谷）】　それではいい機会なので、質問を受けたいと思います。どんどんご質問を。

【質問者（矢加部）】　ＷＢＳ　Ｍ２の矢加部と申します。貴重なお話ありがとうございます。本当に盛りだくさんで、いろいろなことをされているのだなと、お聞きして感じたのですが。

【田中】 日ごろから仕事しているのかと心配になりますよね…。

【矢加部】 交流っていうのは企画を持ち込まれるのですか？ それとも企業側から？どちらからですか？

【田中】 たとえば、地域の皆さんと飲んだり食べたりしていると、さまざまな想像が膨らみ自然とこんなこと、あんなことやりたくなっちゃうんですよ。以前から地域の課題がどのような点なのかお互いに知っているので、たとえば福島の皆さんから、銀ぱちと福島で田植えしたり稲刈りしたりしてお酒作らないかと提案が来るんです。それは、土にこだわってきた農家の皆さんが、震災後の原発事故で突然土が汚れたと言われて、耕すことを躊躇していた時ですね。もちろん、全袋検査が行われていて安全と言われていても安心が伴わないので苦労されているわけで、さらには震災後、自殺される生産者たちが続いた頃です。そこで、銀ぱちのツアーで現地に行って、一緒に作業して終わったら飲んで騒いで心が一つになる。お酒を造ることだけが目的ではなく、その裏側にある心の交流が大切だと双方が考えているから、理解しあえるのですかね…。しかし、その後はできたお酒を売るという長期にわたる宿題が課されるので、決して簡単なものではないのですが、勢いで進めてしまいます。

お酒を造る仕込みの過程で、須賀川市を訪問すると、ちょうど11月第2週の土曜日に420年続く日本三大火祭りの〝松明《たいまつ》あかし〟に招かれました（写真8、9）。町の真ん中にある公園内の五老山と呼ばれる頂上で大きな松明が30本も灯されます。炎で真っ赤に染まる壮大な夜のお祭りですが、その後の交流会で、町でも限られた人しか関われない伝統的なお祭りに「来年は銀ぱちも一本、大松明をあげてみないか？」というような提案が出てきました。お酒の席なので半ば本気にしないでいたところ、翌年の秋にそろそろ松明作るから作業を手伝いに来てくれと言われ、驚いた記憶があります。

祭りの当日は山の上の正面に「銀座ミツバチプロジェクト」と表記された幟《のぼり》とともに高さ8メートルを超す松明が鎮座していました。夜になって太鼓が鳴り響くなか、たくさんの群集の中で次々と松明に火がつけられます。いよいよ私の番になり、白装束にタスキに鉢巻巻いて、何と口に小さな松明をくわえさせられて8メートルの垂直に立った松明に上ります。途中で落ちたら、だから外部の者は…と言われて町内会に迷惑がかかりますので、慎重に慎重に頂上まで登り切り、小松明を振りかざしてイザ口上です。「銀ぱちは、須賀川とともに福島の復興の狼煙《のろし》を上げるぞ!!」と心の底から叫んだら、下で待つ大観衆から

写真8、9　須賀川の“松明あかし”にも参加

一斉に「オー!!」と叫びが返ってきました。何気ない会話の中から何かが生まれ、そして誰でもができるわけでない経験をさせていただきました。

震災直後からさまざまな形で応援してきたつもりが、逆に励まされて人生の中でもめったにできないような体験として返ってくるのですから、わからないものですね…。いつも思うのですが、私たちも銀座でミツバチを飼って蜂蜜という生産物を作る生産者。つまりプレーヤーだからこそ、地域の皆さんとわかりあえる関係ができるということじゃないかと思います。もちろん、そこには常に遊び心があるように仕向けます。大人たちが壮大な遊びの世界を作っている雰囲気を大切にしています。そんな関係が、全国のさまざまな地域とつながってきたと、振り返ってみれば感じるところです。

【矢加部】 ありがとうございます。互いに真摯に取り組む気持ちを聞いている感じがして、すごくよいお話でした。

【田中】 街のネタ、街の中での遊び。そんな感覚の世界ですよね。

【司会（染谷）】 こうやって確実に銀座発の新しいビジネスというか、まあ、あまりビジネスとつなげちゃうといけないのでしょうけれども。

【田中】 ビジネスにしたいと思うけど、なかなかビジネスにしきれないので悩んでおりますが…。それこそ、この講座を学んでいる皆さんからアドバイスいただきたいと思います。

【司会（染谷）】 そういった意味では新しい銀座像。新しい環境の概念とか、心に響きを与えるという意味では感性価値ができていると思います。そういう目的でお話を伺ったのですが。他にどなたか、いかがでしょう？　質問はありませんか？

（銀ぱち関連商品を示しながら）今日は具体的な商品を、たとえば、アンリシャンパルティエさんのレモンケーキが銀座ミツバチさんの関連商品で買えますので、持って来ました。これは、後ほど皆さんに食べていただきたいと思います。あと三笠会館さんですよね。三笠会館では銀ぱちハニーハイボールがあります。三笠会館さんのバーテンダーの方のオリジナルですよね。

【田中】 ああ、そうですね。三笠会館の地下に5517という本格的なバーがあり、この高坂支配人がいつもさまざまなカクテルを開発してくれています。

【司会（染谷）】 それからスワンベーカリーというところでお菓子が買えます。そんな関連商品がいっぱい販売されています。銀座の新しい環境概念発想から、何かが生まれていますね。

【田中】 これ（写真10、11）は島根県の美郷町でのニホンミツバチ養蜂講座の様子です。春先の花のシーズンに分蜂してお墓の中に巣を作ったものを、所有者の方の承諾を得て受講生の皆さんの前で巣を取り出しているところです。あのお墓の中の上の部分に巣が作られていて、ミツバチを手作業で取り出して外にある巣箱に入れていく。残った柔らかい巣枠を順番にナイフで切り取って木製の木枠にはめていく。この巣板の中には、幼虫の卵や蛹があります。彼らには大切な子育て中の子供たちです。これを壊さないように新しい巣箱にセットしていくのですが、併せてミツバチたちも入れていくと、自分たちの巣と認識

写真10、11　地方でも養蜂講座を実施（島根県美郷町）

してどんどん巣箱に入っていくんですね。

今まで地域の方々は、木の洞などを作り、自然に入ってくるのを待つのが一般的でしたが、民家の軒下やこのようなお墓の場所などに巣を作ると駆除されてしまいます。ミツバチは悪いことをしているわけではないので、これを移植して安全な場所へ移すように救助してあげれば人間社会と共存できるのです。世界的に減少している野生のミツバチたちを巣箱で飼える技術を普及させて、地域の環境を整えましょうと提唱したら、全国さまざまな地域から招かれるようになりました。

太古の昔から住んできた在来種であるニホンミツバチは、日本の生態系の6割とか

7割を受粉させる力があるといわれています。この小さなか弱い昆虫は日本の資源でもありますが、対応の仕方がわからないと駆除の対象になってしまうのですね。銀座から火をつけたわけではありませんが、最近全国でこうした野生のニホンミツバチを飼いたいという方々が増えております。私のようなものが銀座から養蜂技術を持って、時には飛行機に乗って地方の山間部の集落にまで、教えに出かけていくというのもおかしなことだと思います…。現在、日本のハチミツの自給率は8％ほどだそうです。9割以上が輸入されています。世界第3位の森林大国といわれている日本が、蜂蜜の生産ができなくてほとんど輸入という現実が見えてきました。日本の国土の7割が森林にもかかわらず、ハチミツが採れないのはおかしいじゃないですか。

一方で現在、日本養蜂ハチミツ協会の会員数は2800人程度です。戦後のピークには1万5000人もいた養蜂家が急速に減って、しかも多くが70代、80代になっている。50代、60代は青年部というか業界では若手です。趣味の養蜂家を入れても1万人いないかもしれません。ですから、この養蜂家自体が絶滅危惧種となりつつあります。ところが、岩ばかりであまり木がないように見える韓国では、養蜂家が趣味を含めて3万人いるんですね。九州ほどの大きさで、しかも高地ばかりのスイスでは4万人います。ほとんどが趣味の養蜂家ですが。私も東京都養蜂協会の理事を仰せつかっておりますが、ある意味、日本の養蜂業界が少し努力が足りなかったかもしれません。戦後に蜜源である木々を切り倒し杉や檜に替えてしまったり、コメどころは害虫対策で農薬をまくために、養蜂家にとっては厳しい状態だったからかもしれません。

こんな統計があります。日本人の一人当たりのハチミツの消費量は200gほどだそうです。アメリカやヨーロッパは年間1kg、ドイツは1・5kgも消費します。日本のように砂糖の代替えとして使用するのでなく、西洋社会では甘味というより薬効成分に重点が置かれ、健康のために日常的に消費されるのです。日本人が現在の消費量のちょっとその倍の量になっただけで、たくさんのハチミツが必要になりますよね。当然、国産のハチミツにそれだけの価値が出るとなれば、人々はミツバチを飼うだけでなく、さまざまな場所に花を植え木を植え始めます。そうなると、日本の山野が、生物多様性が豊かで涵養な森となります。少々の局地的豪雨となってもしなやかに持ちこたえる森に変化していくと思いますが、皆さんいかがでしょうか？　まあ、そんなあるべき社会に少し思いをめぐらして、本日ご用意いただきましたスイーツを召し上がっていただければ幸いです。

【司会（染谷）】　お聞きしていくと、なんかどんどん広がって、すごいなと思います。でも、12年のことですよね。そうすると私の一番感心し、かつ関心があるところはですね。田中代表のパワーそのものは、たとえば環境への危機感とか使命感とかなのか、あるいは軽いノリで始めたのがだんだん本気になった、という感じなのか。楽しいこと、面白いことだからどんどんやっているというか。どんな感じで、この12年間を過ごされたのか、一本調子だったとか、最初のころと最近はずいぶん考え方が変わられたとか…。

【田中】 そうですね。こういうことをしてると、ずいぶん反省したり学ぶことも多かったですが、ミツバチから見えないものが見えてきたというか、何で銀座の街の中でハチミツがある程度採れて、一方でどうしてこんなに山野に緑が多くても採れないのかなとかね。自分の感覚で見えないものが見えてきたりするんですね。または、現在年間1000人以上の視察や見学がありますが、そのうちの1割ほどは海外の方々です。なかにはさまざまな国の養蜂家たちも来てくれます。屋上のミツバチの前で話をしていると、ああ、海外ではそうなんだと、銀座にいながらにして世界の環境が見えてきます。

数年前にスローフードの世界大会でイタリアに伺った時も、イタリア養蜂協会の会長たちが堂々と〝STOP PESTICIDES〟(農薬反対!)と書いたTシャツを着ていたりします(写真12)。日本の養蜂家などはなかなかそんなことが言えないし言わない。

写真12　イタリア養蜂協会の会長は“STOP PESTICIDES”のTシャツ

いろいろな世界の養蜂家の実情や考え方などを学ぶことができるのですね…。

さらには、蜂蜜だけでなく地域の情報発信もなかなかですから、日本の情報が世界に発信できていないな、などと感じることができます。もちろん農業は大変なんだけど、銀座でさえ蜂蜜が採れるのだから、地域は米だけじゃなくて、もっと山野のさまざまな資源に目を向けて、そうしたものの商品価値を高めて、地域を豊かにしたほうがいいんじゃないかなと思います。昔は山の中でも集落があってみんな生きていたわけですよね。それは季節ごとにいろんな山菜が採れたり、炭を作ったりして。そういったものをしながらも豊かな生活があったはずなのに、いつの間にかそれができなくなった。

私たちが地域におじゃまするたびに、こんなにすばらしい山野があって、水も豊富に流れているけど、どうしてその水から電気を作っちゃいけないのかと考えるようになったわけです。先年、栃木県に伺った時に、以前は用水路で発電していたというではないですか。ダムよりも用水路のほうが結構安定してエネルギーが作れると言っていました。島根県では、今でも農協が発電してるんですよね。ある農協は、農産品を売ることはほとんどなくて、この小水力発電だけが事業になっていると言っていました。そういうのを見てると、もっと山野にあるさまざまなもので、エネルギーだけじゃなくて、自分たちの中で、地域の中で経済を回すと豊かになるのではないかと考えるようになりました。

これ（写真13）を見てください。なかなか食えない面白い爺さんですが、この人、小林会長は長野県伊那市の産直市場グリーンファームを作った本人です。上に本部と書いてありますよね。いつもここに会長が座っているんですが、農家さん等、さまざまな皆さんが声をかけていきます。

高速道路を下りて、山の上のほうへ向かっていく不便なところにありました。本来であればもっと交通量の多い場所に作るべきでしょうが、多くの人にこんな場所に市場を作っ

写真13　長野県伊那市にある産直市場グリーンファームの小林会長と

てもすぐにつぶれると言われていたそうです。私が見ている間中、たくさんのお客さんたちが入ってきます。駐車場は満車でした。今までは、野菜などは町のスーパーまで買いに行っていたそうです。この産直市場を作って、集落の皆さんに、とにかく作った野菜など何でもいいから売りに来てほしいとお願いしたそうです。地域の高齢者の皆さんがここに持ってくると売れるじゃないですか。普通は農協なんかに出そうとすると、ある程度のロットじゃないと受け付けてくれないから、みんな作っても食べる分以外捨てていた。または知り合いにあげていたわけです。

しかし、少量でもここに持ってくるとお

金に換わるんですね。お金に換わるだけじゃなくて、有名な産直市場だと、早朝に一斉に納品しなければ受け付けないが、ここは逆です。いつでも好きな時に納品に来れる。特に日曜日はお客さんが多いから、その時に持ってきなさいよと伝える。時には、納品時にお客さんに怪我させない程度に尻に台車をぶつけろと。お客さんが気づいて今まで手に取った野菜を下して、今持ってきた野菜を手に取ってくれる。自分のコーナーに着くまでに野菜が売り切れたらこれが快感だというのです。恐るべし産直市場ですね…。そしてその場でお金をもらうから、帰るときに必要なものを買って帰るんですね。要するに地域で物々交換をしているようなものです。高齢者が社会と関わる、これが生きがいなんだと。今ここには2千数百人の生産者が通ってます。

長野は〝へぼ〟と言って、スズメバチの幼虫を食べるんですね。入口でこんなものが一箱2000円で販売していて（写真14、15）、巣から時々スズメバチが羽化して出てきてるんですよ。これを入ってきた若い女の子が、キャーおいしそうだとか言って幼虫をその場で食べちゃったりしてるんです。それを見た私の女房は固まってしまいました…（笑）。

でも、年にこの時期だけ活躍するスズメバチハンターの名人親父は市場の人気者です。本来であれば見過ごされる地域にあふれるさまざまな資源が、この市場に集まる。変なも

写真14、15　グリーンファームの店内では“へぼ”も販売

のがあるから、お客さんたちも次々と発見があるから、楽しいとなるのです。こうしていろいろなものがお金に換わると地域は豊かになる。スーパーには絶対売っていないものが、この地域を豊かにしているように見えました。たくさんの地域外の人々がこの市場に遊びに来るのですが、さまざまなモノがどんどんお金に換わると、GDPは大して上がらないかもしれないが、地域の人々の心が豊かになって、コミュニティも強くなる。小林会長から、こんなことを教えていただきました。

外へ目を向けると、動くかどうかわからない古い耕運機だとか、牛で引く車、牛車だとかも売っているんですね。こんなもん

写真16、17　クマやダチョウがいる“動物園”

誰が買うんですかって聞いたら、せっかく持ってきたのに買わないとかわいそうだから…と言われた時には頭が下がりました。

それから、道を挟んで反対側には、さまざまな動物たちがいるのです。これクマ！クマがいるんです（写真16、17）。クマの親子の親が撃たれて死んだので、子グマがかわいそうだからミルクで育てたんだそうですが、だんだん大きくなって市場の中を走り回っていたそうです。そうしたら保健所が、絶対に営業停止にしてやるぞって言うから、しょうがないから檻に入れているらしいんです。うちのクマは人を襲ったりしないから大丈夫なんだけど…などと嘆いているのです。この広場にはいっぱいの生き物がいて。ダチョウもいるんですよ。ダチョウの卵が生まれると、市場では一個５００円で売っているんですよね。地域の子どもたちは馬やヤギ等、さまざまな動物のエサとして、市場で余ったくず野菜を販売しています。なかなかしたたかな動物園ですよね…。

そうそう市場内は、全部土間なんです。最近国際会議場が隣にできたというので見せていただいたら、単なるハウスでした。要するに最近、海外の見学者が多いから椅子を20個ぐらい並べて、それを国際会議場と呼んでいるのですね。この場所で年商10億、60人の雇用が生まれたそうです。

全国の地域が少子高齢化で元気がないと言われていますが、このように地域の資源、地域のコミュニティがつながる仕組みがあれば、どんな地域でも絶対に未来は明るくなると考えております。

そもそも銀座の中で環境などお話をすることなど全くないと思っておりましたが、ミツバチを飼ったことでたくさんのハチミツが採れるし、ミツバチが運んできた酵母からビールまで誕生しました。裏側にある銀座周辺の環境が見えてきたのです。それは世界でもトップクラスの都市環境でした。

サッポロビールの酵母博士である渡役員がおっしゃってたんですけど、物質は何もなくなったように見えるけども、微生物として生きている。それがまた集合してまた次の何かが生まれる。まさに色即是空、空即是色です。町の中には何もないように見えたけれど、見えない何かがあって生まれてきたのであるから、だったら山野豊かな地域に価値がないはずがないというふうに思います。

そのときには、地域が地域だけじゃ変われないので、銀座から私たちのような少し変わった集団がお邪魔すると、また何かが動き出して面白いんじゃないかなと思います。今後は銀ぱちを介して、さまざまな地域をネットワーク化してつなげていくことが、また新しい価値を生むことになるのではと考えております。こんな展開が生まれてライブに経験しているので、誰かがすでに歩んだ道ではないので、この先の予想がつきません。自分で面白がってやっているのですが、果たしてこれが正しい道なのかわかりません。しかし、社会はこうなったら面白いんじゃないかと考える。そこが私の一つのインセンティブですかね。

【司会（染谷）】 田中さんのパワフルな原動力、本質が伺えたような気がして、とても有意義でした。本日はありがとうございました。（拍手）

4

株式会社アルビオン
――経験と納得を売る

ゲスト講師：株式会社アルビオン　代表取締役社長　小林章一氏
開催形態：株式会社アルビオン寄附講座「感性マーケティング論」
日　　時：2014年11月3日〈第11回〉および2016年10月26日〈第9回〉
会　　場：早稲田大学早稲田キャンパス3号館（2014年）および26号館（2016年）
対　　象：WBS受講生

●会社概要●

株式会社アルビオン

代表取締役社長：小林章一

設　　立：1956年３月２日

資 本 金：７億6,098万円

売 上 高：630億円（2017年３月期）

従 業 員：3,170名（男：520名、女2,650名）

本社所在地：

〒104-0061　東京都中央区銀座1-7-10

TEL　03(5524)1711（代表）

事業内容：

高級化粧品の製造・販売

スキンケア・メイクアップ・フレグランス・ヘアケアなど化粧品全般の開発、製造および全国の一流百貨店・有力化粧品専門店を通じての販売

取り扱いブランド：

アルビオン、イグニス、エレガンス コスメティックス、インフィオレ、アナ スイ コスメティックス、ポール＆ジョー ボーテ、レ・メルヴェイユーズ ラデュレ

小《こ》林《ばやし》章《しょう》一《いち》　略歴

1963年東京生まれ。慶應義塾大学法学部卒業後、西武百貨店勤務を経て、1988年株式会社アルビオン入社。2006年より現職。2014年からは東京農業大学客員教授も務める。

プロローグ

はじめに、アルビオンの創業期について、アルビオンの社史から抜粋してご紹介したいと思います。

昭和31年（1956年）3月2日、晴れ後ときどき曇り。その日、小林英夫は卒業を間近に控えた早稲田大学から京橋の登記所に向かった。新会社の登記を行うためであった。「大学で学んだことが即実践に移せた」と感慨にふけりながら登記を済ませた。株式会社アルビオン——日本にはまだない高級品化粧品専門メーカーの創業に参加できることを英夫は誇りに思った。

アルビオンが創業した昭和31年頃の時代背景についてふれておくと、昭和25年に朝鮮戦争が勃発し、日本は軍需景気に後押しされ、敗戦後の廃墟の中から立ち上がっていった。昭和30年には石原慎太郎の小説『太陽の季節』が発表され（翌年、芥川賞を受賞）、「太陽族」が流行語になった。また、ソニーのトランジスタラジオが登場、2DKの公団住宅が建設され、電気釜が発売され電化時代が到来していた。昭和31年には経済白書が「もはや、戦後ではない」と宣言——日本経済は、高度成長時代の幕開けを迎えていた。

資本金は150万円。事業目的は「一、化粧品、歯磨、石鹸、シャンプー、靴クリーム、歯ブラシ、洗粉の製造並びに販売、二、右に付帯する一切の業務」である。3月に登記してから実際の事業が開始されたのは、その年の5月からであった。その間、英夫は、早稲田大学第一商学部を卒業。その後、創業の準備に追われながら、あわただしい日々を過ごした。

事務所は、高級品イメージを大切にするため銀座に置いた。銀座1丁目6番地の3階建ての小さなビルの1階である。ちなみに、昭和30年頃の銀座について記すと、まだ都電が走り（昭和42年銀座線廃止、43年晴海通り都電廃止）、柳が揺れていた（昭和43年抜去）が、かつてあった多くの川、濠が埋め立てられ高速道路が建設されていった頃で、昭和30年11月には1丁目に映画館「テアトル東京」が開場。昭和31年5月には小松ストアの工事現場から、小判208枚一分金60枚が発掘されて話題となった。同年7月、山下橋から数寄屋橋高速道路下に数寄屋橋ショッピングセンターが開店。8月には、かつてラジオドラマと映画でブームを巻き起こした『君の名は』の舞台となった数寄屋橋の取壊し工事が行われた——このように経済成長によって銀座は近代化へと脱皮・変貌しつつあった。

事業を開始した5月、アルビオンは、応接セットと事務机4つを置いた1階1室（8坪）から

写真1　創業時の銀座1丁目の事務所

スタートした。社員全員が集まると座る場所もない狭さであったが、ビルの前面には、孔雀をモチーフにした大きなアルビオンのマークを取り付けた（写真1）。事務所の狭さには似つかない堂々たるものであった。創業当時の社員は総勢17名であった。新規取引店が増え事業が軌道に乗るに従って社員も増加、年末には27名になった。社員の増加に従って事務所も手狭になり、33年には3階まで全階を借りるまでになった。1階に受付と事務室、2階に営業関係と商品庫、3階には美容部員の集会所兼会議室を置いた。都内への商品配達は初めは電車とバスを利用したが、後、ラビットスクーターが配備された。

商品は、乳液「プライアン」、化粧水「オードリン」、栄養クリーム「プランセ」、コールドクリーム「スキンファット」、それに「パナシアンパック」の基礎化粧品5品。わずか5品であったが、800円から1500円という超高級品ばかり。当時、化粧品の中心価格帯は200円から300円で、訪販メーカーのポーラ等が1000円クラスの高級品を出していた時代である。大卒の初任給が1万円前後、都市勤労者世帯の平均月収が約3万円だったから、1000円という価格帯の化粧品がいかに高級であったかがわかる。高級化粧品専門メーカーであることにこだわったのは、商品だけではない。契約書はもちろん、領収書、会計伝票などの帳票類まで既成のものでなく高級感のある独自のデザインを凝らした。

事務所、人、物、すべての準備が整った昭和31年の5月、高級化粧品5品と契約書を携えて、営業マンが、販売店の開拓のため東京・銀座から全国に飛び立った。かくして、アルビオンの前に道が拓かれた。

〈アルビオン「夢の50年史」〈2007年7月20日発行〉より〉

アルビオンの小林と申します。よろしくお願いします。どこまで皆様に興味を持っていただけるか、楽しんでいただけるか、あるいはお役に立てるお話ができるかどうかわかりませんが、こういう機会をいただきましたので、一生懸命務めさせていただきたいと思っております。

今日これから私が話すことは、私自身がすべて経験したこと、あるいは私自身が自分でそう思ったこと、感じたことをそのままストレートにお話をしたいと思います。もしかしたら一般の文献に書いてあることとは違った内容のことをお話しするかもしれませんが、あくまでも自分はこう思う、自分はこう思ったということでお話をさせていただきますので、そこはご理解をいただきたいなと思っております。

アルビオンのビジネス

アルビオンは高級化粧品の製造と販売を行っている会社です。お取り扱いは百貨店さんと街の化粧品屋さんです。特に男性の方は「街の化粧品屋さん」といわれてもよくわからないと思いますが、ドラッグチェーンとは違う化粧品専門店さんのことです。昔、アルビオンの商品は百貨店さんでのお取り扱いが１１０店ぐらいありましたが、今は63店です。化粧品専門店さんは昔は３４００店ぐらいありましたが、今は約１４００店です。何が起こったか。おかげさまで百貨店においては、ほとんどの店舗で化粧品売り場の売上でベスト3に入るようになりました。化粧品専門店さんでも約1400店のうち、半数以上のお店でアルビオンが売上トップを占めています。

当然、販売していただいているお店を絞り込んだので、お店の方も一生懸命になりますよね。同じ地域の他のお店にはない商材が自分のところにはあるわけですから、当然それは相手も一生懸命、一緒に勧めてくれる。自分のお店にお客様をつなぎとめるためにも、もしもアルビオンの商品がいいと思えばですよ、自分のお客さんに売ってくれる。そういう意味で、差別化ブランドとしても貢献するということが、高級品ビジネスの場合には大事なのではないかなというふうに思っていまして、そういうことを創業以来ずっとやってきております。

会社経営と「夢」

会社を経営していてすごく思うことはですね、これは人生もそうだと思うんですけど、

「はじめに夢ありき」だと思うんですよね。私自身のことでいいますと、大変生意気ですけど、世界の化粧品業界の中で一番最初に名前の出る人間になりたい。化粧品業界といえばあいつだよね、いい仕事をしているといえばあいつだよね、規模の大きさだけではなくて、いい仕事をしている人といえばあいつだよね、といわれるようになりたいなと思っております。

夢っていうのは、肩書きだったりお金の金額だったりしますと、手段と目的が変わってきてしまいますので、やはり内容で、中身で夢を持つということが大事ではないかなと。まだ全然そうなっておりませんが、たとえば欧米の超一流ブランドが、これから地域事業で化粧品をやりたい、誰に相談に行こう、まずはアルビオンの小林のところへ行くか、彼にやってほしいんだ、そう思われるような人間になりたいなというふうに思っております。私個人の人生の話ですが、これは会社も一緒ですね。会社も中長期の夢を持つ。どんな会社を作りたいか、そういうことが大事なのではないかなと思っております。

会社は誰のもの？

会社というものについての考え方をお話ししたいと思いますが、アルビオンは上場していません。でも上場しておりませんが、やっぱり私は、会社というのは社会の公器だと思っております。理論的、理屈的には会社は株主のものです。ただ私は、この考え方はとても危険ではないかと思っています。理論的には株主のものです。そのとおりです。だけど、あまりそういう考え方に経営者が固執しないほうがいいのではないかなと。

仕事の本質を考えたときに、株主のために仕事をしますか。私は株主のためには仕事をしていません。お客様を向いて仕事をしていきたいと思っています。お客様を向いて仕事をして、それを継続した結果、それがもし上場していれば株価が上がって、株主に還元されていくのではないかなと思っているので、私はあまり株主のために仕事をする、経営をするという発想はちょっとどうなのかなというふうに思っております。

何がいいたいかというと、やっぱり会社にはたくさんのステークホルダーがいらっしゃって、さっき話したお取引先様だったり、販売をしてくれているお店様だったり、あるいは協力会社様だったり、あるいは会社メンバーだったり、やっぱりそんなさまざまな関わりのある人々がいて、株主だけ得をすればあとは犠牲になっていいという経営は、私はそれは違うんではないかなというふうに思っています。さまざまな関係する方々が、努力、協力をしていただいて、会社というのは成り立っていると思いますので、やっぱりそのあたりは少し気をつけないと、それも違った方向に行く可能性が多いのではないかなというふうに思っております。

失敗をたくさんしてきてよかった

私も五十数年足らずのたいしたことのない人生ですけど、生きてきて2つのことを思います。やっぱり、「あれをやらなければよかったな」という後悔は、いくらでもしていいのではないかなと。「あれをやっておけばよかった」という後悔は、なるべくしないほうがいいのではないかな、と思っています。

それからもう一個。私もいろんなことに挑戦してきたつもりです。自分の中で、自分なりにですね。たいしたことではないんですけど。それで、やってきたことの99％は失敗です。99％は自分で失敗だったと思っています。99％失敗だったんですけど、失敗って外から見てもわからないんですね。失敗って、私もいちいち公表しませんから。ただ、自分の人生を振り返ってみて、たかだか五十数年のたいしたことのない人生なんですけど、本当に九十何％は失敗だったなと。ただ、その失敗が今を作ってくれているのも事実なのではないかなと思っております。

売上や利益より大事なこと

すべての企業には、創業時にはすばらしい理念や哲学があります。すばらしい理念や哲学を持ってスタートしています。最近では残念ながら日本を代表する大企業でも不祥事がありますが、でもそういう会社も、創業時はすばらしい理念を持ってスタートした会社だと思うんですね。なぜそういう理念が必要かというと、創業時は知名度も売上も信用も何もないですから、仕事をしていくうえで、唯一のよりどころがその理念になると思うんですね。

ところが、会社はだんだん成功して売上が上がり、利益が上がり社員の人数が増えて、たとえば上場して株価がついて、だんだんそうなっていくとその理念、哲学というものが薄らいでいく。あるいは、そういうものを忘れているわけではないと思うんですけど、すべての判断の基準が創業のころはそこにあったはずなのに、そこから少しずれていくということが起こってくるのではないかなというふうに思います。アルビオンもそういう時代がもちろんありました。今だって気をつけないとすぐそうなると思っています。

当初は、たとえばお客様を一生懸命見て仕事をしていたものが、だんだん目線が「前年の売上を超えればいい」「マーケットシェアが何%取れればいい」「利益が増えればいい」「配当金を増やせばいい」と思うようになってくる。もちろん売上や利益も大切です。でも売上や利益はあくまでもお客様お一人お一人の喜びやご満足を追求した結果、ついてくるものだと思うんですね。やっぱり時間をかけてお客様の信頼を積み重ねていった企業、会社のみが、長期的、永続的に発展できるのではないかなと思っております。

ですから、アルビオンにも経営理念というものがあります。『アルビオンは、高級化粧品の第一人者として、本物志向に徹し、美しい感動と信頼の輪を世界に広げる』という経営理念があります。ここにも、売上目標いくらとか利益の目標いくらとか、そういうのは一切書いてないですね。マーケットシェア何%とか、上場したいとか、そんなことは何も書いていないのです。やっぱり絶えず理念に返る。絶えず理念を自問自答する。そういうことがすごく大事なのではないかなと思っております。

日本の企業のすばらしさ

日本は長寿企業が多いと思います。規模の大小は別にしてですね、100年、200年、300年以上続いている企業がたくさんある。京都の某会社の社長と親しくさせていただいていますが、そこは350年以上の歴史があるんです。もちろん企業というのは発展することが大事だけど、これだけ長寿であるということもすばらしいことなのではないかなというふうに思っています。

それで、私が思う、日本に長寿企業が多い大きな理由の一つ。いっぱい理由があると思うんです。その中の一つ、これは私の個人的な主観ですけど、どちらかというとほかの国々、たとえば欧米を含めてほかの国々と比べて、日本の企業というのは従業員の方々が会社を思う気持ちだったり情熱だったり、そういうものが強いことが多いのではないかなと思っていて、私はそれが、もっと日本企業の力の源泉になるべきじゃないかなと思っています。

決して欧米の人がみんな会社を嫌いだということではなくて、どちらかというと、もう少しドライな考え方で仕事をしているのかなという印象がありまして。そういう意味ではやっぱり会社に対する思いがあるとか愛情があるとか、情熱を持っているとか会社が好きとか、何でもいいんですけど、そういうことが日本の企業のすばらしいところじゃないかなと思っております。

高級品ビジネスに必要なものは、商品力、接客力、そして稀少性

高級品ビジネスの定義についていろいろ考えるんですけど、3つあると思っています。商品力。お客様の期待やイメージをはるかに超えるという意味での商品力。アルビオンは

ほかの会社に比べて違う、ということを本当に肌で実感してもらう。もう一つは接客力。「今日は来て良かったな」「アルビオンに買いに来て良かったな」「アルビオンに買いに来たら元気になった」「アルビオンのあの美容部員さんと会えて良かった」、まあなんでもいいんですけど、そういう接客力ですよね。あるいは、「アルビオンの美容部員さんにエステサービスをしてもらったら気持ち良かったな」とか、なんでもいいんですけど、そういう接客力。それから、やっぱり稀少性。この3つは絶対に必要だと思っています。

この稀少性ということがどういうことかというと、どこでも買えるというのは、これは高級品のあり方としては違うのではないかなというふうに思っています。たとえば実は昔、アルビオンの化粧品のコーナーは銀座地区の中では三越さんにあって、松坂屋さんにもあって、そういう世界だったわけですよね。それを今は、三越さん一店に絞っています。絞ったことによって、アルビオンの商品を買うためには三越さんに行くわけですよね。ということは、私の言い方をするとそれは、お店にとっての良い意味での差別化ブランドになっているのではないのかなと思うんですね。つまり他店との、同地域での競争相手、他店との差別化をする意味で、アルビオンというブランドは差別化ブランドになれるのではないかなというふうに思っています。

そのためにはある程度の稀少性が、高級品の場合には必要になってくる。やっぱりどこにでもあるというのだと力が分散しますので、限られた力の中で何ができるかというと、そうやって絞り込んで、その代わり絞ったお店では売上一位になるという戦略をとるのが大事なのではないかなと思っていまして、そういうことを進めてきています。

高級化粧品のあるべき姿とは

高級化粧品っていつも何かなと思うんです。高級化粧品って何だろうな、価格が高ければ高級化粧品かな。そういうことではないと思うんですね。高級化粧品というのは、もちろん結果、価格は高いでしょうけど、お客様の期待やイメージをはるかに超える実感が肌で味わえる。それが本当の意味で高級化粧品のあるべき姿なのではないかなというふうに思っています。だからこそ、高級化粧品のテーマは、たとえば今まで市場になかったような新しい物を作る。新しいことに挑戦をする。今までになかったようなカテゴリーを切り開いていく。そういうことが大切になっていくんではないかなというふうに思っております。

お客様の期待やイメージをはるかに超える商品を作るということをいっていますが、前例のない物を作る、挑戦者であり続けるということで、やっぱり新しい物を作るときにすごく大事なのは、たとえば商品開発、企画、あるいは研究部、生産もそうなんですけど、担当メンバーの発想やひらめきや創意工夫をいかに僕らが引き出せるかというところが、これからの一番の課題になってくるのではないかな。もちろんやりがいを持たせられるか、それはそうなんですけど、それ以上にやっぱり管理職が、いかにメンバー一人一人の面白い発想だったりアイデアだったり、ひらめきだったり創意工夫を引き出せるかというところが、一番の課題になると思っています。

あとは、いろいろな新しいことに挑戦するということは、失敗と試行錯誤の連続です。もちろん失敗や試行錯誤も目指してやっているわけではないんですけど、結果としてどうしても失敗や試行錯誤が多くなる。ということは会社の中に失敗を許容する文化みたいなものがある程度必要になってきます。一生懸命やって失敗した場合には、ある程度仕方がないというふうに思わざるを得ないのかなと思っております。最初は2個に1個が不良品、それが3個に1個になり、4個に1個になり、そうやって徐々にレベルを上げていく。

写真２　レ・メルヴェイユーズ ラデュレ「フェイス カラー ローズ ラデュレ」

もちろん、そんな商品ばかりではないです。そういう本当にきわどい商品は、１割２割の話です。すみません（笑）。

そんなに難しい物ばかり作っているわけではなくて、やっぱり２割ぐらい、たとえばそういう物に挑戦しているという話なので、８割はもうちょっと普通に作れる物もいっぱい作っていますから、くれぐれも１００％ややこしい物ばかり作っているとは絶対に思わないでいただきたいんですけど、２割くらいはそういうものに挑戦していくということも、すごく大事なのではないかなと思っております。

たとえばこれ（写真２）は何だと思いますか。これチークなんです。花びらチークと呼んでいるんですけど。原価的にはお話にならないんです。でも、こういうものを通して勉強になることがたくさんあると思っております。これも挑戦していかなければいけないということなのではないかなと思っております。こうやって試行錯誤して、人がやったことのないことをやろうと思う、見た目に本当にきれいな物を作ってみたいと思う、たとえば。失敗を何回もして、でもこうやって物が作れるようになっていく。やっぱりこれが、高級品の仕事の追求の仕方なのではないかなというふうに思っておりまして、やっぱりそういうことをやっていかなければいけないのではないかなと思っています。

素人目線を失わない

仕事をしていくうえですごく大事にしていることは、本当の意味でお客様のご満足を追求するうえでは、素人目線というのがすごく大事になると思っています。素人目線って何かといったら、私どもの業界以外の一般の業界、一般の女性から見たときの印象、感想、そういう素人目線をしっかりと持っていることが、すごく大事なのではないかなと思って

写真3　エクストラクト ローズ ドリンク BR

おります。

これ（写真3）はブルガリアの特別なダマスクローズという、有機で栽培されたバラの蒸留水を使ったローズドリンク、1本500円になっております。

数年前、ブルガリア大使館でパーティがありました。アルビオンもこの商品のブースを出させていただいて、私もお邪魔させていただきました。某有名女優の方がそこにいらっしゃっていました。式典が終わって、その女優さんが私どものローズドリンクのコーナーにいらっしゃいました。私はローズの勉強は死ぬほどやりました。もうローズのことは何でも答えられる自信がありました。何でもかかってこいと思っていました。「いらっしゃいませ」と声をかけて、さぁどんなバラの質問をしてくるかなと思ったら、その女優さんは一言「きれいな色ですね。これは何の色ですか」と聞かれたんです。おいおいと思って、これ何の色だっけ？と思って。すぐ隣にいた社員にこっそり教えてもらって「紫芋です」って答えました。その次に、その女優さんがローズドリンクを飲んで一言、「甘いですね。何の甘さですか」って言われたんですよ。バラの勉強はしていたけど甘味料の勉強はしていなかったので、「えー、これも答えられないや」と思って、急いでまた社員をこっそり呼んで、「何だっけ」と聞いて「還元麦芽糖です」って教えてもらいました。

そのときに自分で思ったのは、バラのドリンクなのでバラの勉強を死ぬほどしていったんですけど、相手の質問は色と甘味だったという。つまり素人から見たら、そういうことが知りたいことなんですね、きっと。一つの例ですけど。だから、ああ面白いなと思って。一般の方から見るとそういうことに興味があるんだなと。バラに興味があるだろうとこっちは思って、一生懸命バラを勉強しているんですけど、相手は色とか甘味を、これどうしたんだろうなと、そういうことなんですよね。そういう素人目線というのが、すごく大事だなというふうに思っております。

たとえば、今百貨店で63店お取引があるといいましたけども、では百貨店の化粧品売り場が本当に5000円とか1万円とか2万円の化粧品を販売するのにふさわしい環境なのか。われわれは百貨店と何十年もお付き合いしているので、これが当たり前と思ってやっていますけど、素人目線ということでいうと、1万円や2万円の化粧品を買うお客様から見たときに、化粧品売り場のあの環境が、1万円、2万円の商品を買うお客様が本当にご納得いただいて、あるいはご満足して買える環境なのかどうかとか。やっぱりそういう素人目線が商売をしていくうえでは、すごく大事なのではないかなというふうに思っていまして、これからもそういうことにも気をつけていきたいなと思っております。

高級品ビジネスは説得ではなく納得

高級品のビジネスをするときに、すごく思っていることがあって、高級品ビジネスは「説得」ではなくて「納得」だと思っています。ではお客様は、どういうことで納得できるのか。あるいは高級品だからこうなのだということで納得できるかということを、考えなけ

写真4　薬用スキンコンディショナー エッセンシャル

ればいけないんではないかなと思っていて、たとえば二つのことにこだわっています。

一つは、原料・素材へのこだわり。中身ですね。たとえばこれが今アルビオンを代表する商品で、年間約二百数十万本売れている化粧水になります。「薬用スキンコンディショナー　エッセンシャル」という商品です（写真4）。これはハトムギエキスをふんだんに使っています。このハトムギは、北海道の名寄町の「北のはと」という特別なハトムギを使って、この商品にエキスを配合しています。こちらの商品は先ほども話に出ましたが、アルビオンが初めて手がけた美容ドリンクで、ローズドリンク

写真5　白神研究所

になります。ブルガリアの有機栽培のダマスクローズで作った、手摘みのバラの蒸留水を配合したドリンクになります。これは私どもの秋田県の白神山地の麓の畑で育てたマロウの花をふんだんに使った美容液になります。

このように原料・素材にしっかりとこだわっていくということが、一点目としてはすごく大事だと思っています。もちろん国内に限らず世界中、社員が自ら足を棒のようにしてあちこち出向いて、一生懸命、本当に肌で実感できる新しい原料・素材を探しに歩いています。

今、秋田県の白神山地の麓に私どもは研究所（写真5）だけでなく畑を所有してい

写真6　スリランカ伝統植物研究所

まして、そこで自ら有機栽培でヨモギだったり、さっきいったマロウの花だったり、45種類ほど植物を栽培しているわけですね。今その中でやっと5種類、実際に商品の中に配合しています。やっぱりそういうこともお客様への納得につながるのではないかなと。これはアルビオン公式サイトでも公開しています。畑の周りには猿も出るし熊も出るし、すごい所なんですけど（笑）。でもそういうこともある程度納得につながるのではないかなというふうに思っています。

あとは、東京農業大学さんと一緒にスリランカに伝統植物研究所を設立し、薬草園も開きました（写真6、7）。スリランカ

写真7　スリランカ薬草園

という国は島国で、固有の薬草の宝庫なんですね。アーユルヴェーダに代表されますけれども、実はインドと並んでアーユルヴェーダの発祥の地でもありますので、ここで薬草の試験的な栽培をしていて、そのエキスを抽出して、そのエキスが肌に効果があるかとか、肌実感がどうかとかいうことをいろいろテストしながら研究を進めています。将来的にはほかの会社が使ったことのないような、スリランカの固有の薬草を使った化粧品も発売をしていきたいなというふうに思っています。

今ここに並んでいますが、これは2016年10月17日に発売したアルビオンブランドの最高級ラインになります。「アンベ

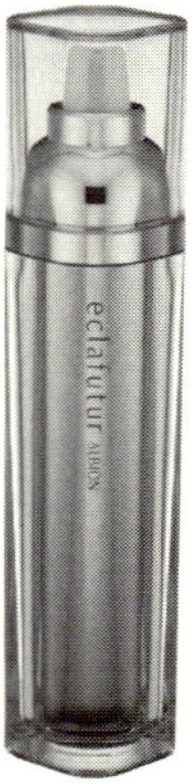

写真8　エクラフチュール

アージュ」という新しいラインで、この中には実は、アフリカのマダガスカル、といっても知っている方は少ないと思いますが、南アフリカの東側にある島国です。モーリシャスのすぐ近くですね。そこから原料を3種類購入して、それをこの中に配合しています。ホワイトジンジャーリリー、アッセンビーと、あとはツボクサの3種類です。アルビオンの化粧品は、原料・素材に関してもこだわっています、こういうことをいっていくことはすごく大事なんではないかなというふうに思っています。

もう一つは、最先端の技術を応用する。ここに「エクラフチュール」という商品がありますが（写真8）、これは東京大学の片岡一則先生が、がんの治療薬を作るために開発したナノセスタというドラッグデリバリーシステムを応用した美容液です。これはお茶の水女子大学の、現在は学長になられた、室伏きみ子先生が開発したリノベートcPAという技術を応用して作った美容液です。さらに2017年には、大阪大学医学部の技術を使った新しい商品を発売する予定です。

原料・素材にこだわるということが一つ目。二つ目は最先端の技術をどんどん活用して、よりお肌で実感していただける商品を作っていく。この二つが私どもの会社でいえば、車の両輪になるのではないかなと思っています。

社会に貢献する

化粧品原料となる植物が採れる国、たとえばスリランカやマダガスカルから原料を買うときに、ただ原料を安く購入するだけでは申し訳ないので、何かしらの貢献を相手の国にもしなければいけないのではないか、高級品メーカーとしてはそういうことも大事なので

写真９　マダガスカルに寄贈した校舎

はないかと思っています。

ですから、スリランカではただ植物を購入するのではなくて、将来は原料までスリランカで作る。ということは、その原料を作るために現地に雇用が生まれますから。原料を作ってそれを日本に輸入する。あるいはスリランカの方々に化粧品原料の作り方、規格をお教えする。そうすることによって、もしかしたらスリランカに化粧品原料産業というものが、規模は小さいかもしれないけど、育っていくかもしれない。そうやって、相手の国に何らかの貢献をしていくということも、すごく大事になっていくのではないかなと思っております。

マダガスカルに関しては、ただ原料を買

うだけでは申し訳ないので、実はマダガスカルというのは残念ながらまだ非常に貧しい国で、子どもの45％しか小学校と中学校に通えないんです。学校の数が圧倒的に足りないんです。学校の先生の数が足りないんです。なので、アルビオンが創業60周年を迎えた記念事業の一つとして、マダガスカルの首都から車で4時間ほど行った村に、小学校と中学校の校舎を寄贈させていただきました（写真9）。

セレモニーのときにはマダガスカルの教育庁の大臣もいらして、大変喜んでいただきました。ただ原料を買いました、安く買いました、安くて良かったということではなくて、貴重な植物の原料を買わせていただくわけですから、そのときにやっぱり相手に何らかの貢献をしていかなくてはいけないのではないかなと、そういうことも必要になってくるのではないかなと思っております。

高級品でもお買い得感

実はこの、アルビオンの最高峰シリーズ「アンベアージュ」（写真10）、この乳液が1万

写真10　エクシア アンベアージュ

8000円です。この美容液が2万5000円なんです。皆さん「えー」とおっしゃいましたけど、発売時に商品発表会をやったんですね。そこに有名な美容関係の方がいらっしゃって、私に向かって「安過ぎない？」って言うんです。「え？　いやいや、1万8000円ですよ」「安いわよ。これで1万8000円なら」って言われたのです。面白い発想だなと思って、こういう方が見たらこの商品のこの価格を安いと思うんだ。私から見たら1万8000円は高いと思うんですけど（笑）。要するにそういうふうに、どんな価格の商品であっても、これは得だなと思われることってすごく大事。もちろん半分以上お世辞かもしれませんけど、「この商品、3万円以上で売ってもいいんじゃない？」って言うんですよ。「なんで1万8000円なんかにしたの？」って言うわけです。内心ちょっと、3万円にすれば良かったかなと思ったりしたことは抜きにしてですね（笑）、やっぱり「でもそれが1万8000円なら安いわ」って、もしも思っていただけるのなら、高級品の場合であっても、そういうお買い得感っていうのは大事なことなのかなというふうにちょっと思いました。

お客様を理解するうえで大事なポイント

新入社員の入社式で必ずいっていることがありまして、高級品専門メーカーとして60年やってきていますが、二つのことがいえると思うんです。一つ目は、高級品をお買い求めになるお客様というのは、海外旅行にも行かれる、家族でたまにはおいしいものを食べに行かれる、温泉に行かれる。または歌舞伎を見に行かれるかもしれないし、美術展を見に行かれるかもしれないし、海外からオペラが来たら見に行かれるかもしれない。そういう方々だと思うんですね。なので、そのようなお客様から教わったことってすごく多いなと思うんです。

だから、高級化粧品専門メーカーとしてのアルビオンの歴史は、そこのキーは60年間お客様からいろんなことを教わってきた歴史なのです。たとえば、学校を卒業して入ったばかりの美容部員は、おそらく高級品を買われる方がどんな生活をしているのか、よくわからないと思うんです。でもお客様から教わって、学んでいった。それがアルビオンの歴史の側面だと思います。

もう一つは、大事なことはお金をかける、かけないではなくて、できる範囲の中で一流に触れることです。〝一流〟といっても何でもいいんです。たとえば銀座には、超一流ブランドのブティックがいっぱいあります。買わなくてもブティックの中に入るだけでも何かを感じると思います。あるいは、たとえば何かオペラを見に行ってもいいし、美術展を見に行ってもいいし、お金を貯めておいしいものを食べに行ってもいいし、一流のレストランに行ってもいいし。できる範囲の中で一流に触れる機会をつくる。それが自分の仕事にすごく役立つのではないでしょうか。やっぱり一流に触れる機会をつくるというのは、すごく大事なことなのではないかなと思っております。

これは、会社としてもそういうことをやっていきたいと思います。もちろん、会社メンバー自身にも努力してもらいます。だけど会社も、できる範囲の中で一流に触れる機会をつくってあげる。優秀な成績をおさめた美容部員のメンバーとの食事会を開いたり、老舗の旅館に宿泊して、羽を伸ばしてもらいながら一流の接客を体感してもらったり、そういう機会を一生懸命つくっております。やっぱりそういうことがすごく大事なのではないかなと思っていまして、そういうことをこれからもやっていきたいなと思っております。

化粧品は心のビジネス

最終的に私は、化粧品はただの販売業ではなくて、心のビジネスだと思っているので、本当にアルビオンを買いに行くことを通して、元気になったとか明るい気持ちになったとか、すがすがしい気持ちになったとか、そんなふうにいってもらえたらすごくうれしいなと思っています。化粧品を売った、買った、はい終わりではなくて、化粧品というのはやっぱりお客様の心が満たされるビジネスでなければいけないんではないかなということを思っていまして、そういうことをこれからも追求していきたいなと思っております。

企業って、発展と継続の両立がすごく難しいなと思っています。発展させなければいけない、それで継続もしなくてはいけない。発展し続けるというのもすごく大変だし、継続しなければいけないことも大変で、この両立が、経営というのは本当に一番の課題なんだろうなと思っています。これからもそういうことに挑戦し続けていきたいなと思っております。

ということで、ちょっと駆け足になりましたが、私が大事だと思うことを思いつくままに、自分が感じたままに今日はお話をさせていただきました。ぜひこのあと、皆様からどんなご質問でも結構ですので、ぜひざっくばらんにご質問をお受けしたいなと思っております。私の話はいったんこちらで終了させていただきたいと思います。ご静聴ありがとうございました。（拍手）

質疑応答

【質問者1】 一点、お伺いしたいんですけれども、化粧品とは直接的に関係ないのかもしれないですけれども、日本の企業やグローバルの企業も抱えているかもしれない次期のリーダーについてのお話です。次のリーダーを育てる、もしくは自分と同じような考え方を持つ人を、外部から持ってくる……いろいろな考え方があると思うんですけど、次のリーダーを育成するために重視するところ、もっというと自分として、リーダーとして、何を重視しているか。そのリーダーシップ論みたいなところを教えていただけますか。

【小林】 そうですね、基本的に経営者の一番の仕事は決めることだと思うんですね。これは間違うこともあります。一生懸命自分では考えていますけど。それで決めたことに責任を負うこと。これだけだと思うんですね。これ以外にリーダーの仕事はないと思っています。自分は実務をやるわけではないですから。でも、決める前に一生懸命現場の話を聞く。一生懸命聞いて、お客様にとって何が正しいかということで決めていく。だからリーダーが決めなかったら、現場って大混乱すると思うので、決断を持ち越してしまったりすると。やっぱりなるべく早く決めてあげて、みんなが動きやすいようにしてあげるのが一番大事だと思うので、リーダーの一番の条件は決断力。いかに早く決断できるかということが一番の課題だと思います。

これはただ、やっていく中でだんだん早くなっていくし、だんだんわかってくることもありますし、なかなか最初のころは失敗もいっぱいあると思うんですね。私もすごく間違えますので。でも、決めることがリーダーの仕事だと思うので、やっぱり決めるということは一番の資質なのではないのかなと思います。

【質問者2】 私もサービス業に勤めているんですけれども、先ほど接客に力を入れているというお話がありました。高級品を販売するに当たって、販売員の方たちの礼儀やおもてなしというものを形にしていく際に、ハード、ソフト、それぞれどのように工夫をされているのか、お話しいただけますでしょうか。

【小林】 今日はちょうど、アルビオンのかつての教育部門の部長がいますので、あとで説明してもらいましょう。やっぱり気持ちが伝わるかどうかですよね。たぶん私どもの会社は、形は教育をしていないと思う。それで、本当に気持ちが伝わっているかどうかということで、勝負をするようにしていると思うんですね。やっぱり相手に伝わるかどうかが

写真11　白金教育センターの宿泊室

すべて。一生懸命しゃべっても伝わらないことってありますよね。だからやっぱり、伝わるかどうかということを重視して教育をしています。

【司会（染谷）】 では中原さんお願いします。

【アルビオン中原】 アルビオンの中原と申します。アルビオンの教育は、全員が合宿というスタイルを採るんですね。新人で入りまして、約1年半の間に何度か教育がありますが、すべて合宿スタイルです。しかもその合宿というのは、4人部屋なんですけど（写真11）、これまで共同生活をしたことがないような人たちが、それを通して成長していく。だから人の気持ちがわかったり、相手にどうしたらいいかとか、人に接するということが、要はマニュアルで学ぶこととは別に、自分が実践で体験することで、身につけていくのではないかなというふうに思っています。

【質問者3】 個人的な興味があることと、ちょっと仕事上で関心があることと、二つお伺いします。個人的な関心は、男性用のものは扱っておられないんでしょうか。

【小林】 ほとんどないです。

【質問者3】 ないということなんですけど、その部分、ちょっと男性の社員の方たちが、女性の化粧品への思いというものを理解するために、何か特別なことをされていらっしゃるんでしょうか。あともう一つが、私は仕事で広報をしているんですけれども、宣伝はほとんどなさらないということだったんですが、広報活動で実際に社会の方々に対しても、アルビオンさんの見せ方というのはどうされているんでしょうか。

【小林】 実はよく男性社員にいうんです。男性って化粧品会社に必要かなという話をよくします。みんな真面目な顔をして「必要だと思います」。「なんで?」って聞くと、「やっぱり女性だけでは…」と曖昧な返事が返ってくるんですけど、要するに僕がいいたいのは、やっぱり必要とされる男になる。では必要とされる男って何だろう。たとえば営業。営業といったらお店を回る営業ですよね。営業で必要とされる男になるにはどうしたらいいんだろう。たとえば一つだけいっているのは、もしも自分が外からお店のお客様を連れてきたら絶対に感謝される。それなら、それをやればいい。新しいお客様との出会いをつくる。新しいお客様を外から連れてくる。そのために自分に何ができるかを一生懸命考えて、それで結果が出たらお店はすごく喜んで、その営業の男性を評価する。

そういうことをやっていくのが、僕は男性の存在意義なんじゃないかなと思っていて、やっぱりそういうことをやっていかないと、ただいるだけになってしまうんではないかなと思うので、とにかく外からお客様を連れてくる。ビラでもチラシでも手を引っ張ってでも何でもいいから、お客様を連れてくる。連れてきたら絶対お店は喜びますから。そういうことをどうやってやるかというのを、真剣に考えて実践をしていく。自分のできる範囲の中で必死になってやるということを、今一生懸命考えてもらっています。

あと、広報活動なんですけど、なかなか広告をしないのでやっぱり知名度ってあまり広がっていかないんですね。ですから会社のオフィシャルなWebだ、Twitterだ、Facebookだ、それから私も嫌々ながらブログとTwitterをやらされていますけれども（笑）、そういうものを通してやっているということと、あと話題作りというものをわりと今一生

写真12　ALBION Beach House

懸命やっています。それがどれだけ効果があるかというのはわからないんですけど、たとえば数年前は、「ビューティワンダーランド」と称して東京と大阪でやったんですけど、無料でアルビオンの商品をすべてお試しいただけるイベントです。それぞれたくさんの方に来ていただいて。そういうことをやって少しずつでも知ってもらえばいいなという努力をしています。去年（2015年）は、神奈川県の由比ガ浜で「アルビオンビーチハウス」という海の家をやらせていただきました（写真12）。夏の7月、8月の期間、同時にその期間、江ノ電をアルビオンラッピングさせていただきました。その江ノ電が夏の間ずっと走って、そういうことを通して知名度が上がればいいなということを思いながらやっていますけど、知名度はまだまだ低いので、大手さんに比べて。そこは一つの課題だと思っています。

【質問者4】 高級化粧品を売っていくに当たって、値段を、売価を決めていくというところは結構ポイントになるのかなと思います。価格を決めるときのポイント等を、答えられる範囲で何か心がけていることがあれば教えてください。あと店舗での接客を重要視されているということなんですけど、たとえば他社さんではやっていないお客様の管理というか、心がけているようなことがあれば教えていただきたいと思っています。

【小林】 管理の部分は、私どもの会社の場合には3回以上ご来店いただくと、会員様という呼び方をしています。会員様になられると、だいたい2カ月ぐらいで商品がなくなる方が多いので、年に5回ぐらい来店されます。年に5回か6回いらしていただくと一番いいなと思っていて。そういうポイントはすごく見ています。つまり会員様が増えたか減ったか、あるいは離脱される会員様が何人いて、全体の会員数の中で何割いらっしゃるのかとか、定期的にいらしているのかとか。定期的にお買い求めにいらしていただけるようになったらいいなということは、すごく気にして管理をしています。

価格については、1万円であろうが1万5000円であろうが、たとえばやっぱり2万円ぐらいの価値を感じていただけるような商品を1万円にして売るとか。そういうこともすごく大事にしていますし、もう一つは、たとえばこれを8000円で売りたいと開発メンバーにいわれたとしますね。それで、たとえば僕が1万2000円にしようよというじゃないですか。1万2000円だったら売れませんというようなのは危ないですよね。1万2000円でも自信を持って売れる、それを8000円にしようというならわかるわけですよね。これは1万5000円でも売れます。だけどそれを8000円で売りましょうというような値決めになると、理想なんではないかなというふうに思っています。全品そうなっているかどうかは別にして、そういうことはすごく意識をしています。だから、値決めはやっぱり難しいですよね。

今私どもの会社で一番高いクリームがありまして（写真13）。実は、わざわざこのクリームのために銀座に工場をつくって、一個一個手づくりしているんです。これが8万5000円のプライスを付けています。年間で今4000個から5000個ぐらい売れているかな。最初の頃、スタッフは12万といっていたんです。12万円で出そうといっていたんですけど、いろんな議論をして、最後には8万5000円になったんですけど。値決めというのはやっぱりいつも、社内でもだいぶ議論、激論になりますよね。でもそれでいいのでは

写真13　エクス・ヴィ ギンザ

ないかなと思っています。

【質問者4】 ありがとうございます。最後に一点だけ、どちらかというとターゲットが高年齢層であったり富裕層をターゲットにというか、お客様もリピートをされている方は、そういう方々が多いというふうに何となく予測をしています。今後百貨店もそうですし、今の60歳代とか70歳代の方々はお金を持っていますけれども、広告をせずに今の40代だったり50代の新たなお客様を開拓していくところで、ここの2年ぐらいはすごい成長をされていますけれども、今後の10年ぐらいのスパンで見たときに、サイクルが少し変わるのかな、お客様のターゲットが変わっていくのかなというところに関して、どういう成長戦略を描かれているのかというのを教えていただきたいと思います。

【小林】　ご年配の方が多いと思われがちなんですけど、実は20代後半から30代の方が、今全体の5割ぐらいなんです。

僕としても、やっぱりいろんなメーカーを経験していただいて、最後に来ていただく、あるいは最後に帰ってきていただくメーカーになりたいなと。やっぱりアルビオンで良かったなとか、やっぱりアルビオンにしようと思ってもらえるのがいいかなと思っていて、確かに今、少子高齢化、人口が減っていく中で、大事なことは商品も一流でなければいけない、販売員も一流でなければいけない、環境も一流でなければいけないということを考えていくと、やっぱりお取引店一店一店を強くしていくということが、すごく大事なんではないかなというふうに思っていて、そうすることによって、より一層その店が強くなれると思うんですね。

【質問者4】　15年度から16年度に90億ぐらい売上がアップされていますね。

【小林】　インバウンドです。そのうちの7割か8割が今インバウンドかな。いや、日本人も伸びているんですよ。ただアルビオンは中国では、15年の初めでは百貨店2店しかやっていなくて（笑）。インバウンドは関係ないやと思って構えていたら、突如として去年いらっしゃって、ちょっと生産も間に合うか間に合わないかの状態になりました。なんとか去年しのぎましたけど、今年はちょっと落ちています。

インバウンドのほうが落ちていますから、今年は調整できていいなと思っています。急激に伸びてしまうと、こちらも生産が間に合わないですし、日本人のお客様に迷惑をかけてしまいますので。ちょっと今年は小休止というか、ちょっと落ち着いて、正直良かったなと思っています。

【質問者5】 さっきの花びらのチークのことですけど、確かに見た目はきれいで、すごい技術を使っていると思うんですけど、女性の目線から見ると、外出するときはちょっとあまり大きくて。

【小林】 もちろん持てないですよね。おっしゃるとおりですよね。だから、小さいのもあるんですよ。こちらはおうちで使っていただく用として持っていただいて、持ち歩けるくらいの小さいものも、もちろん同じように出しています。そうしないと、ご不便かけてしまいます。ただ、2個買わなければいけないというのかっていわれてしまうとね（笑）。その場合には小さいほうを買っていただくということで、いいのではないかなと。あくまでも楽しんでいただくというか、ああいうものが好きっていう人に買っていただければいいなと思っております。

【質問者6】 今日のお話と関係ないんですけど、アルビオンさんって乳液先行ですよね。ほかのメーカーさんはあんまりないと思うんですけど、そこへのこだわりというのはどこからきているんでしょうか。

【小林】 これはですね。アルビオンの初期に、初代美容部長がいろいろ試してですね。乳液を先に使うのが肌にとって一番いいと。ほかの会社は化粧水が先だけど、アルビオンは乳液が先でいこうと決めて、今までずっとやってきています。その乳液をどんどん進化させてきて、今の乳液がある。だからたぶん、アルビオンの乳液って、ほかの会社の乳液とは全然感触が違うと思うんですね。さっきいった失敗を繰り返して、いろんな挑戦をしてきているんで、今のあの感触、何ともいえないコクがあって、ああいう感触になっていると思うんですけど、あれがアルビオンの個性の一つかなとも思っています。乳液で肌のバランスを整えてから化粧水をつけていただくというのが、アルビオンのセオリーなんですよね。

【質問者7】 海外での活動というか、事業展開というかその計画と、もう一点は、女性の方が多いと思うんですけれども、社員の皆さんはアルビオンの化粧品を使っていらっしゃるんですか。

【小林】　海外展開はしていますが、基本的に僕はまず日本の高級品市場で圧倒的な存在になりたいと思っています。昔から持っている夢として、海外から日本に買いに来ていただきたい。そうしたらきっと海外でも知名度が上がっていくから。海外から買いに来ていただけるぐらい、まずは日本で圧倒的になりたいというふうに思っています。海外展開もしていますけれども、とにかくこの10年、15年は日本の国内での高級品市場で圧倒的になるということにすべて力を注いでやってきています。まだ道半ばなので、もう少しここで徹底しなくてはいけないなと思っていますが、そういうことをやって、海外からも今こうやってたくさん買いに来ていただけているので、徐々にではありますが海外の知名度が上がっていっていると思いますので、これからじっくりと海外戦略はやっていきたいなと思っています。その海外戦略も一緒で、やっぱり一店一店を、しっかり強いお店をつくっていくというのが、すごく大事なのかなというふうに思っています。

アルビオンの社員が全部アルビオンの商品を使っているか、そんなことはないと思います。他社商品も使ったほうがいいです。やっぱり女性ですから、良いと思うものは使うわけですよね。それでいいんではないかな。でもそういう情報、いただきたいなと。それはそうですよね。シャネルのこれ買っちゃったとかね。そういうのを僕らはいかに聞き出せるか。そこで初めて、シャネルのあれがいいんだってわかるわけですね、僕らが。そうか、あれに惹かれているわけだなと思って、僕らもそれを研究するというのがいい相乗効果なんではないかなと。だからいいと思ったものを買ってもらったほうがいいんです。もちろん、基本は自社の商品を使っていると思います。だけど、いいと思うものは、他社商品であっても使ってますし、使ってほしいと思っています。それでいいんです。でも、その他社の商品で使っているものは、ぜひ僕らは知りたい。そして参考にしたいなというふうに思っています。

【質問者8】 さっきの話の続きで、日本国内の高級化粧品ビジネスのトップになりたいという話ですが、ほかの大手化粧品会社も、商品力とかサービスとか技術にこだわっているのではないかと思います。トップになるために、これからどのような差別戦略を採るおつもりでしょうか。

【小林】 ほかの会社の商品を使って次の日の朝と、アルビオンの商品を使って次の日の朝では、肌が全然違う。そう思ってもらえるまでになってみたいですよね。そこは、これからのわれわれの挑戦です。そこまでいけるかどうかまで、挑戦しなくてはいけないというふうに思っています。せっかく今日は商品開発の責任者がそこにいますので、彼女に説明してもらいますけれども、そこまでできるかどうか、肌で実感してもらえるかどうかということが、もう一番。メイクはいろいろだと思いますけど、特にスキンケアの場合は使ったあと、やっぱり肌で本当に実感できるかどうかというところにとことんこだわっていきたいなというふうに思っています。どうぞ。

【アルビオン大塚】 商品開発の大塚です。肌で作るというところが、アルビオンでは最も大事だと思っています。アルビオンの乳液が全く他社と違いますよという話もそうなんですけど、やっぱりいかに肌を美しくするためにこの乳液を使うのか、化粧水を使うのかというところの役割を考えていったときに、アルビオンの乳液というのは、洗顔のあとに素早く肌になじんで、後肌が柔らかくなって、次の化粧水がなじんで、というような役割を持っているんですね。その役割をきちんと果たせるような乳液を、肌で実際に作っていくということが大事であって、いろんな乳液を使ったときに、それらの中で最も、たとえば洗顔のあとに使って浸透するのか、そして次のステップである化粧水を使ったときにいかに浸透するのかというところを常に肌で実感しながら、何百個というサンプルの中から最高のものを一つ選んで、こちらの商品にしていくというところが、アルビオンの商品開発としての最も重要なところになります。

【小林】 だから、納得ですよね。先ほど原料の話をしたんですけど、原料も大事なんですけど、新しい原料を使うかどうかというよりも、肌で納得できるかどうかというのがアルビオンにとっての一番大事な課題なんだろうね。新製品を出すまでのやり直しの回数は、ものすごく多いです。やり直せばいいとは思わないけれども、そういうことを何回もトライすることによって、自分たちが理想とする、作りたいと思う商品に近づいていくのではないかなと思っているので。やっぱり商品を作るのは、それぐらい苦労していいのではないかなと思っています。そういう点がある意味アルビオンの特徴になっているかなと。ただそれが、どこまでお客様の肌で実感していただけるかというところは、今挑戦中ですよね。

【質問者9】 ポール&ジョーの商品（写真14）を持っておりますし、使っています。たとえば、ポール&ジョーは新しい商品、ネコの形をしているチークがあるんですが、いつも斬新なアイデアがあって、とてもすばらしいと思っています。お聞きしたいことですけれど、いろんなブランドを持っていて、そのいろんなブランドをマネジメントするときに、

写真14　ポール＆ジョー ボーテ

難しいところがあれば教えていただきたいです。

【小林】　「アルビオン」があって、「イグニス」「エレガンス」という全く違うブランドがあって、それから「ポール＆ジョー」があって、「アナ スイ」（写真15）というブランドがあって、「レ・メルヴェイユーズ ラデュレ」「インフィオレ」（写真16）というブランドがあるんですけど、大事なことはそれぞれのブランドの個性をしっかり生かしてあげる。その個性をしっかり商品で表現してあげる。というのは、やっぱり似てきてしまうとつまらないですよね。「ポール＆ジョー」と「アナ スイ」で全く個性の違うデザイナーですから。やっぱり

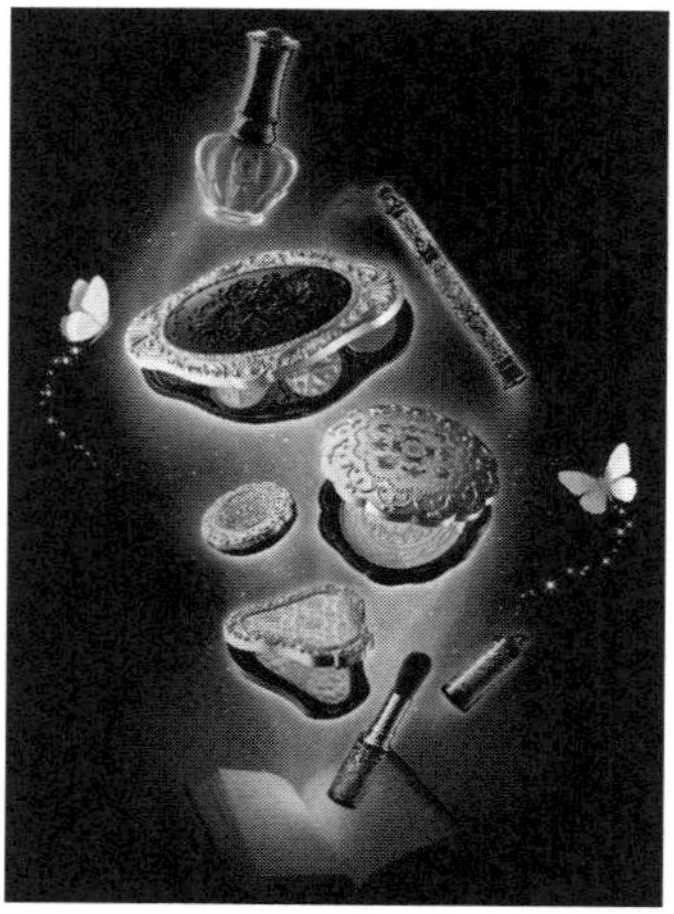

写真15　アナ スイ コスメティックス

写真16　インフィオレ

いかに「アナ スイ」は「アナ スイ」らしく、「ポール&ジョー」は「ポール&ジョー」らしく。「ポール&ジョー」で出ている商品を、そのまま「アナ スイ」で作っても売れないんですね。逆もそうですし。やっぱりブランドの個性をいかに商品づくりに生かして、その商品を見たときに「アナ スイっぽいよね」「これポール&ジョーだよね」と言ってもらえるような、お客様にきちんとイメージしてもらえるような商品を作れるかどうか。それぞれのブランドの個性をしっかり生かしてあげる。やっぱり一つの会社だから、同じような商品ばかりになってしまうんではなくて、全く違う商品、全く違うという言い方は変ですけど、本当にそのブランドのコンセプトに合った、そのブランドらしい商品を出せるかどうかというところが今一番大事だと思っています。

【質問者10】 接客シーンのところで一つ興味があってご質問させてください。製品が、原価もすごく高いですし、すごく高価な化粧品なので、ごめんなさい、私は使ったことがないんですけども、すばらしいのではないかなと思いますが、でもそれをお客さんに正しく使ってもらわないと効果が出ないと思うんですね。でも使わないと、リピーターというのはできないと思うので、いかにご家庭に持ち帰っていただいて、アルビオンさんが思うように正しく使っていただくかっていうのがポイントになるのではないかなと思うんです。人によって代謝が違ったり、特にスキンケアって変わってくると思うんですけど、接客のときはどういうふうに、お客さんにそれを委託されているのか、どのように気をつけていらっしゃるのかということを教えてください。

【小林】 接客のシーンで、やっぱりいろいろ商品をお試しいただいて、肌が変わったと実感していただけるかどうかが、すべての勝負だと思うんですね。つまり接客のシーンで、肌で実感していただかないのに帰られても、そんなの絶対に使いませんよ、たとえサンプルをもらっても。やっぱりそのお店の店頭で、どこまで結果が出せるかというのが、我々が求められている。そこが接客の大事なところ。もし店頭で結果が出ていれば、じゃあ帰ってやってみようかなと思っていただけると思うので。そう思っていただけるようなタッチアップが、われわれができるかどうかというのが一つのキーではないかなと私は思っています。ですから、やっぱり美容部員の肌を見る力だったり、本当にその方に合った商品を紹介する力だったり。お客様は十人十色ですから、皆さん違うので、肌も違うし肌質も違いますし。やっぱりそれを見て判断して、そのお客様に一番ふさわしい商品を紹介できるかどうか。それで実感してもらえるかどうかというところは、一番のキーだと思います。

【質問者10】 そのあとは、継続的にお客さんにコンタクトというかケアとかは特にされなくても、そこで一発勝負で、次は絶対来ていただけるということでしょうか。

【小林】　あとは使い続けていただいたうえで効果を実感していただければまた来ていただけますし、「変わらないや、2カ月使っても」と思われたら終わりですよね。ですから、肌でまず最初に実感してもらって、ある程度の使い方をしっかり理解していただいて帰っていただく。それで2週間、1カ月と使っていただいて、「ああ、変わってきた」と思っていただいたら、いい形で回るんではないかな。思ってもらえなかったらそれはもう、残念ながら戻っていらっしゃらない、というところではないかなと思います。

【質問者11】　先ほど管理職の人たちがメンバー一人一人の発想を引き出せという話をいただいたと思うんですけど、やっぱりその中で、傾聴することが大事だというお話をいただきましたけど、それ以外で何か工夫されているところとか、そのメンバーに対してやっていることなど、もしあればお伺いしたいです。

【小林】　やっぱり社内のコミュニケーションが大事だと思っているので、これは去年も話したかもしれませんけど、実は社長室はガラス張りなんですね。これはやってしまったと思ったんですけど、私がみんなを見られるなら、みんなも私を見ているという、本当に大失敗だったんですけど（笑）。社長室はガラス張りにして、基本的に私の周りに営業部系の部長の席を作っていてそこに座ってもらっています。朝出勤すると、雑談が始まるんですよね。そうすると物事の共有化がわりとうまくいっているというのがあって。全部署ではないですけど、ほとんどの部署の部長が私の近くにいてくれて、みんなで大きい声で話し合って、みんなが情報を共有できる。だから商品開発もたとえば営業のことがわかるし、営業も商品開発のことがわかっているという、そういうのってすごく大事なんじゃないかなと思っていて、もっとそういうコミュニケーションを広げていかなくてはいけないなと思っています。仕事と関係ない話もしています。でもそうやって部門を超えてコミュニケーションがどんどん取れるというのは、やっぱりすごく大事なことなのではないかなと思っていて、そういうことをこれからもより一層やっていくことが大事かなと思っています。

【質問者11】 日本ではネット通販をやっていると思いますけど、中国のアルビオンのホームページでは、ネット販売いたしませんとメッセージが書いてありますけど、あれも差別化の戦略の一つですか。

【小林】 日本でもネット販売はやっていないんです。やっぱり対面でお肌を見て、きちんと商品をご紹介したいので。ネットでは接客できないので、なかなかお客様に合った商品をご紹介することができないので、基本的にネットはやっていないんです。

【質問者11】 でもリピーターの場合には……。

【小林】 そうですね。それもやっていないんです。やっぱり季節によっても肌も変わってきますし、年代によっても変わってきますので、やっぱりお客様の肌を見て判断したいと思っています。

【質問者12】 先ほどお話の中で、社員の方がすごくアルビオンの商品自体が好きだというお話があったんですけども、社員の方の中で一番人気のある商品と、あと社長が一番お好きな商品が何か教えていただけますか（笑）。

【小林】 スキコン、「薬用スキンコンディショナー エッセンシャル」ですね。私も一番好きですけど。社員からの人気も高い商品ですね。私自身、すごく効果を感じるし、本当に。私の息子も今高校生で、ニキビができてきたので、今これを一生懸命使わせてきれいになってきましたので（笑）。たぶんこれが一番だと思います。

【司会（染谷）】 それでは最後に、小林社長にとって、アルビオンらしさとは何でしょうか、という質問です。

【小林】 らしさというか、アルビオンというのは人の上に成り立っている企業なので、だから「人」がすべてだと思うんですね。人がつくっていく会社なので、これからも人がすべての中心にいて、人にどう思い切り仕事をしてもらうかという、そういう環境を私がどうつくれるかっていうところがアルビオンのこれからの勝負だと思うんです。高級化粧品メーカーである以上、アルビオンは付加価値を創造する企業なので。その付加価値って人がつくるものなので、機械はつくれませんから。そういう意味で、人がすべての会社。それがアルビオンの一番の特徴ではないかなと思っています。

【司会（染谷）】 ありがとうございました。それでは最後にもう一度盛大な拍手を。

（拍手）

（参考）

銀座はちみつ化粧品の開発と経験価値

染谷高士・小林章一・川野辺弘子（株式会社アルビオン）・田中淳夫（ＮＰＯ法人銀座ミツバチプロジェクト）・長沢伸也（早稲田大学大学院商学研究科）

２０１４年9月　第16回日本感性工学会大会　発表要旨より

1．はじめに

筆者らは、経験価値マーケティングの第一人者であるBernd H. Schmittの経験価値の概念に基づき、多くの商品事例を研究してきた。

今回、この提唱してきた概念のうち、特にBernd H. Schmittの経験価値概念を、株式会社アルビオンが製造販売する化粧品である、イグニスシリーズにて実践し、高級化粧品で必須とされる感性価値を論理的に商品に組み込むことによって、その付加価値を増大させることを試みた。その結果市場で一定の評価が得られたので、この商品開発研究事例について報告する。

2. アルビオン・銀座はちみつシリーズ

株式会社アルビオンには同社が保有するすべての流通チャネルで扱ういわゆるアルビオンラインと、さらに流通を限定し専門店のみを対象としたイグニスラインが存在する。アルビオンラインが株式会社アルビオンを代表する代表的なラインであるのに対して、イグニスラインはアルビオンラインとの競合を避けるため、より自然であったり環境であったり、人間の内面に訴える化粧品のラインとなっている。

イグニスラインでは、美容理論もさることながら、使用することの喜びやその効果感を感性に訴える、一瞬にして顧客に伝え、理解してもらうことも重要な商品群であるといえる。そのような意味でも、株式会社アルビオンが取り扱う商品群の中でも最も感性価値が求められる商品シリーズであるといえる。

銀座はちみつシリーズは、都市型養蜂の先駆者であるＮＰＯ法人銀座ミツバチプロジェクトによって採取されたハチミツを配合した２０１１年発売の商品シリーズで、いかにハチミツの有用性を訴えるかが商品の特性上、重要であるといえる。

3. 化粧品における経験価値マーケティング

元来、化粧品は機能と便益によって価格が決定し需要と供給が決まる伝統的マーケティングか

図－1　「銀座はちみつシリーズ」の商品ビジュアル

らはずれ、感覚や情緒といった感性に訴える商品、すなわち感性商品の代表例とされてきた商材である。

したがって、ヒットの要因として確実な肌効果はもちろんのこと、毎日使い続けたくなるような使用感の心地よさ、習慣性を生み出す、いわゆるクセになるような香り、といった商品そのものに感性価値を持たせることはもちろんのこと、化粧品のパッケージデザイン、さらには広告・宣伝、商品を販売する場の雰囲気なども重要となる。まさに購買の検討から、実際の購入、使用、そして廃棄まで一貫して、価値を提供し続けることが大事である。したがって顧客は機能と便益のみに対して対価を支払うのではなく、まさに商品との出会いから廃棄、次回購買までの体験、経

表－1　Bernd H. Schmittの戦略的経験価値モジュールによる「イグニス・銀座はちみつシリーズ」の有する経験価値

モジュール	「イグニス・銀座はちみつシリーズ」の有する経験価値
SENSE	・明らかに効果が実感できる使用感 ・自然を感じる個性的な香り ・ミツバチをイメージしたパッケージ、デザイン、銀座ミツバチプロジェクトのマーク
FEEL	・都市部でも行えるミツバチを媒体とした自然との共生
THINK	・銀座ミツバチプロジェクトの活動に対する共感・賛同
ACT	・銀座ミツバチプロジェクトの活動への参画 ・都市型養蜂と自然循環型社会を意識したライフスタイルへの転換
RELATE	・自分以外に、自然との共生を意識した　人との交流・連帯行動 ・銀座を中心とした地域や各種環境保護団体との連携

験に対して対価を支払うものであると考えることがふさわしい。図－1に「銀座はちみつシリーズ」の商品ビジュアルを示す。

そのような意味でも、Bernd H. Schmittの経験価値マーケティングに基づく付加価値の解析は有効な商品開発の手段といえる。したがって、2011年の追加新商品を発売するにあたって、2009年発売の既存商品を経験価値マーケティングの概念で解析するとともに、追加新商品に対しては、同様に経験価値マーケティングの概念で新しい価値の創出を検討し、積極的かつ徹底的に付加価値の導入を行った。化粧品の有用成分として配合したハチミツに関しては、その機能による商品の差別化を訴求するのではなく、そのハチミツの由来である銀座ミツバチプロジェクト

図－2　イグニス・銀座はちみつシリーズの売上（2010年を100とする）

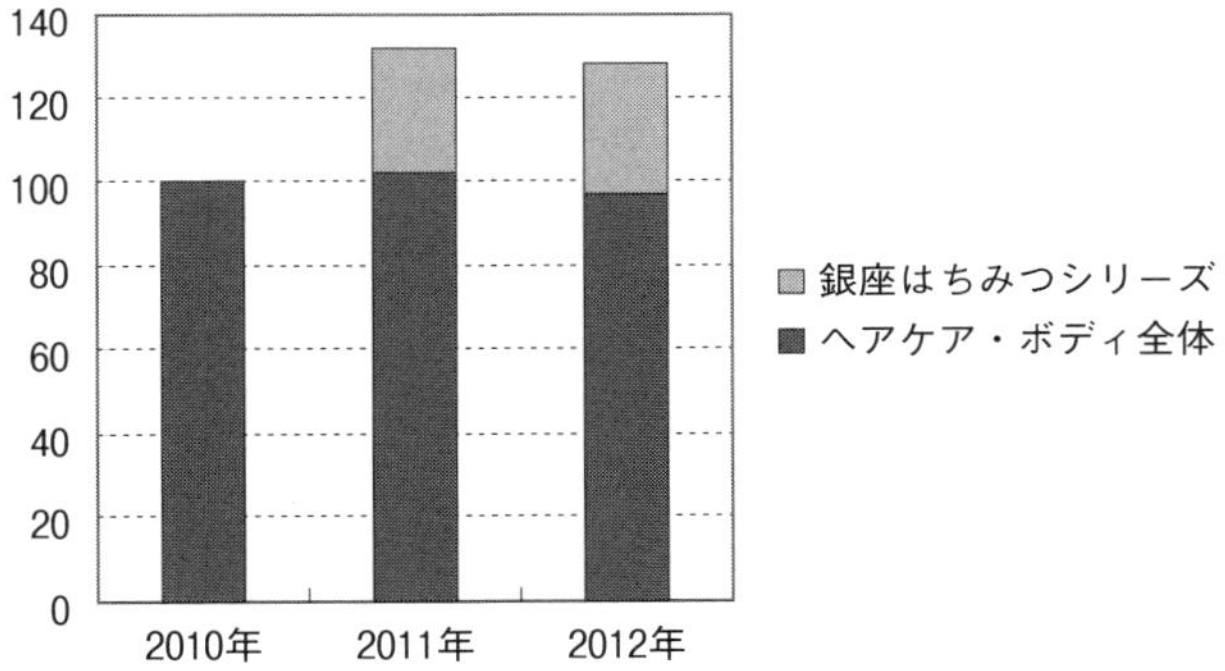

の活動、特に都市型養蜂による循環型社会の構築や自然との共生、特に都心部においても環境活動に参画できることを、また、この商品の生まれる背景に、企業としての環境保護活動の存在することなどが、同商品にとって最大の付加価値になると考えた。表－1にBernd H. Schmittの戦略的経験価値モジュールによる「イグニス・銀座はちみつシリーズ」の経験価値に関する検討結果を示す。

4．結果

イグニス・銀座はちみつシリーズに関して、イグニスの商品群において、この銀座はちみつシリーズと同分類される、ボディ・ヘアケア類の販売金額の推移を図－2に示す。図において、Bernd H. Schmittの経験価値マーケティングに基づき新商品を検討し販売した2011年度、2012年度に関して、販売金額の推移をグラフでは2010年度のボディ・ヘアケア類の総販売金額を100とし、これを基準として指数化した。

新商品の投入によって、売り上げが30％あまり上昇し、これが二年間維持されている。厳密な意味で経験価値マーケティングのみによる貢献であるとは断言できないが、明らかに経験価値マーケティングの応用例として、この手法が売り上げ増大に寄与しその有効性が示されたものと考える。

イグニス・銀座はちみつシリーズは以上のような経験価値を顧客に提供し、顧客もそうした経験価値に感動し支持してきたといえる。

5. 考察

このようにして、従来、論理的に感性価値を商品に組み込むことが困難であった高級化粧品において、この経験価値の概念を用いることによって、商品の感性価値が高まり、消費者の感情に訴える商品が完成したといえる。その結果、商品リニューアルが成功したと考えられる。

参考文献

［1］長沢伸也編著・早稲田大学ビジネススクール長沢研究室著『ヒットを生む経験価値創造―感性を揺さぶるものづくり―』日科技連出版社、２００５年

［2］長沢伸也編著・早稲田大学ビジネススクール長沢研究室著『老舗ブランド企業の経験価値創造―顧客と出会いのデザインマネジメント』同友館、２００６年

［3］銀座ミツバチプロジェクト編『銀座・ひとと花とミツバチと』オンブック、２００７年

［4］田中淳夫『銀座ミツバチ物語―美味しい景観づくりのススメ』時事通信出版局、２００９年

［5］田中淳夫他『新銀座学』さんこう社、２００９年

［6］野中郁次郎／勝見明『イノベーションの知恵』日経ＢＰ社、２０１０年

編者

長沢　伸也（ながさわ　しんや）

1955年　新潟市生まれ。

早稲田大学大学院商学研究科博士後期課程商学専攻マーケティング・国際ビジネス専修および経営管理研究科（早稲田大学ビジネススクール）教授。早稲田大学ラグジュアリーブランディング研究所所長。仏ESSECビジネススクール・パリ政治学院客員教授などを歴任。工学博士（早稲田大学）。専門はデザイン＆ブランドイノベーション・マネジメント、環境ビジネス。

主な著書に、『ホンダらしさとワイガヤ』（編、同友館、2016年）、『高くても売れるブランドをつくる！―日本発、ラグジュアリーブランドへの挑戦―』（単著、同友館、2015年）、『アミューズメントの感性マーケティング』（編、同友館、2015年）、『ジャパン・ブランドの創造』（編、同友館、2014年）、『感性マーケティングの実践』（編、同友館、2013年）、『グッチの戦略』（編著、東洋経済新報社、2014年）、『京友禅「千總」450年のブランド・イノベーション』（編、同友館、2010年）、『ルイ・ヴィトンの法則』（編著、東洋経済新報社、2007年）、『老舗ブランド企業の経験価値創造』（共著、同友館、2006年）ほか多数。

訳書に『カプフェレ教授のラグジュアリー論』（監訳、同友館、2017年）、『ラグジュアリー時計ブランドのマネジメント』（共監訳、角川学芸出版、2015年）、『「機械式時計」という名のラグジュアリー戦略』（監修・訳、世界文化社、2014年）、『ファッション＆ラグジュアリー企業のマネジメント』（共監訳、東洋経済新報社、2013年）、『ラグジュアリー戦略』（東洋経済新報社、2011年）などがある。

染谷　高士（そめや　たかお）

1957年　東京都生まれ。

株式会社アルビオン 常務取締役 カスタマーサービス本部副本部長。技術経営学修士（早稲田大学）。早稲田大学大学院経営管理研究科（早稲田大学ビジネススクール）非常勤講師、東京農業大学客員教授、北海道文教大学客員教授。

主な著書に、『老舗ブランド企業の経験価値創造』（共著、同友館、2006年）、『老舗ブランド「虎屋」の伝統と革新』（共著、晃洋書房、2007年）。

2018年2月28日　第1刷発行

銀座の会社の感性マーケティング
――日本香堂、壹番館洋服店、銀座ミツバチプロジェクト、アルビオン――

編　者　長沢伸也
染谷高士

発行者　脇坂康弘

〒113-0033　東京都文京区本郷3-38-1
発行所　株式会社 同友館
TEL. 03(3813)3966
FAX. 03(3818)2774
URL　http://www.doyukan.co.jp/

乱丁・落丁はお取替えいたします。　三美印刷／松村製本所
ISBN 978-4-496-05302-3　Printed in Japan